# 제주도 신당(神堂)
# 이야기

개정판

# 제주도 신당 神堂
# 이야기

하순애

제주는 아직도 신의 땅이다

## 제주는 아직도 신의 땅이다

졸저 『제주도 신당 이야기』를 재출간 하게 되었다. 책이 품절된 지 여러 해, 책을 구할 방도를 문의하는 전화를 여러 차례 받던 터에, 한그루 출판사에서 재출간하겠다는 의사를 전해 들었을 때, 기뻤다. 무엇보다도 어려운 출판 여건 속에서 오롯이 제주문화에 대한 애정으로 내린 결정이기에, 그 소중한 마음을 만났다는 것이 무척 기뻤다.

제주도는 자연환경은 말할 나위 없고, 역사사회적 환경 또한 여타 지역과 다르다. 한국 내 어느 지역인들 고유한 지역성이 없을까만, 제주도는 지역성의 일반적인 차이를 뛰어넘는 특이성이 있다.

신당도 마찬가지이다. 신당은 신이 좌정해 있다고 관념하는 장소다. 이런 신당은 오랜 시간 전승되어 온 한국 전통 신앙의 소산이기에, 한국 내 모든 지역에 존재한다. 근대화 물결에 따라 대부분의 신당이 없어진 지금에도 지역마다 신당은 잔존한다.

그런데 제주도는 잔존하는 신당 수와 신앙 행위가 일반의 예상을 뛰어넘는다. 10여 년의 격차는 있지만, 필자가『제주도 신당 이야기』를 집필할 당시만 해도 340여 개의 신당이 존재했다. 더러는 경외의 감정을 일으킬 정도로 신비한 느낌을 주기도 하고 또 더러는 일상 공간과 다름없는 고만고만한 곳이기도 하지만, 그 어느 곳이든 박제된 장소는 아니다. 그 수가 많지 않으나 아직도 신당에서 당굿이 행해진다. 상당수의 신당은 아직도 신앙민이 개별적으로 비념을 올리기 위해 찾아가는 장소이다. 물론 신당의 신에 의지하여 삶의 애환을 풀어내던 세대가 점점 사라지는 상황이니, 의미가 살아 있는 신당이 앞으로 얼마나 지속될지는 모른다.

### 철학하는 사람이 왜 신당을 찾아다니나?

필자가 신당 조사를 수년간 진행한 끝에, 신당기행 프로그램을 운영하고, 제주무속문화연구모임을 이끌고, 제주신화전을 기획하는 등 오지랖 넓은 활동을 할 때, 더러는 의아한 눈빛의 질문을 받았다.

질문은 이랬다. 종교학도 아니고 사회학도 아닌데, 철학하는 사람이 왜? 그럴 만했다. 신당을 포함하여 제주도 무속신앙에 관심을 가졌던 기존의 학자들은 민속학자들이었고, 좀 더 구체적으로 들여다보면 구비문학에 대한 관심으로부터 출발한 국문학 전공자들이 대부분이었기 때문이다. 여하튼 기존의 연구자들이 국문학 혹은 민속학 전공자들이었다는 점에서 철학 전공자인 필자의 행보는 의외였을 수 있다. 하지만 현상에 접근하는 학문적 시각이 다양할 수 있다는 점에서 보면 필자의 행보는 유별스럽지 않다. 그렇기는 하지만 필자가 연구를 시작하게 된 배경을 간략하게나마 적는 것은 이 책의 의미를 전하는 데 도움이 될 것이다.

필자는 제주 출생이 아니다. 부산에서 성장한 필자는 1982년 겨울, 제주도와 인연을 맺었다. 부산 도심에서 자랐으면서도 도시의 번잡함과 불화했던 필자에게 제주도는 낭만의 땅이었다. 한 발치만 나서면 천연의 숲이 있고 바다가 있는 제주의 풍광, 고개를 돌리면 어디서나 바라다보이는 한라산, 더욱이 독수리가 날개를 펼친 듯 위엄이 있으면서도 푸근한 품새가 느껴지는 한라산 자락은 그 품에서 삶을 꾸리고 싶다는 꿈을 꾸기에 충분했다.

그러나 막상 일상에서 낯선 가치 감각, 낯선 감정과 낯선 행동양식을 마주하는 일은 때로 혼란스러운 경험이었다. 그것은 제주어보다 더 낯설었다. 또 그것은 육지부의 다른 지역문화를 접했을 때와는 비교하기 어려운 이질감이었고 문화적 충격이었다. 무엇일까? 나 스스로 이방인처럼 느끼게 하는 이런 이질감의 뿌리는 무엇일까?

제주문화의 특이성에 대한 궁금증을 해소하기 위해 제주도의 역사와 문화에 관한 저술과 논문들을 게걸스레 읽어내었다. 그러나 그것으로 나의 의문은 해소되지 않았다.

그즈음 우연히 만나게 된 신당이 너무 흥미로웠던 필자는 다른 신당들을 찾아다니기 시작했다. 이 마을 저 마을 신당들과 신앙민을 만나면서 나의 궁금증은 보다 선명한 과제로 다가왔다. 그것은 제주문화를 형성해 온 제주의 사회심리, 달리 말하면 제주인의 심리적 하부구조를 파악하는 일이었다.

사회심리를 파악하기 위해서는 다각적인 접근이 필요하겠으나, 우선적으로 제주도에서 전승되어 오는 신앙을 연구해야겠다는 판단이 섰다. 한 사회의 지배적인 신앙은 지역의 정신성을 형성하는 중요한 통로라는 점이 연구 방향을 결정하게 된 중요한 요인이었다.

시대 현실을 비판적으로 독해하고자 한 철학도로서 필자는 '특정한 문화의 구조가 특정한 정신의 구조 및 인간 활동에 어떻게 연결되는가?'라는 문제의식을 늘 지니고 있었다. 이 문제의식이 제주문화를 경험하면서 구체적 현실과의 접점을 만들어낸 셈이다.

마을 돌아다니기를 꼬박 4년을 하고 나니, 제주도내 현존하는 신당의 전모를 파악하게 되었다. 그 작업을 일차적으로 정리해 낸 것이『제주도 민간신앙의 구조와 변용』(공저)이라는 책으로 2003년에 출간되었다. 한편 2001년 3월부터는 〈신당기행〉이라는 프로그램을 기획하여, 제주문화포럼이라는 시민문화운동단체에서 운영하기 시작했다. 〈신당기행〉 프로그램을 기획하게 된 배경에는 신당이라는 소재가 제주문화의 중요한 텍스트라는 점, 기행은 문화에 관한 생각을 이끌어내는 시간이 될 수 있다는 의욕이 있었다. 소모임으로 또 더러는 대형버스를 동원한 축제프로그램으로 나서는 〈신당 기행〉을 몇 년간이나 지속했으니, 신당 떠돌기를 꽤 오래 한 셈이다.

돌이켜보면, 신당을 찾아다니고, 마을 사람들의 얘기에 귀 기울이던 시간들, 사람들과 더불어 신당기행을 하던 시간들은 '전승이 말 걸어오는 것'을 듣는 시간이었다. 또한 신당에 두껍게 내려앉은 역사적 시간의 갈피들을 유영하는 시간이었다.

### 신당에 관한 글을 왜 쓰는가?

필자가 신당을 소재로 이야기를 풀어내고자 한 이면에는 제주인의 삶을 지탱해 온 한 축의 문화가 급격하게 소실되지 않을까 하는 염려가 은밀하게 작동했음을 고백하지 않을 수 없다.

무엇에 대한 염려인가? 제주인의 삶과 문화가 질펀히 녹아 있는, 제주인의 역사적 시간이 아주 두껍게 내려앉은, 질곡 속에서도 삶의 건강성을 담보해 온 지혜가 축적된, 그 신묘한 장소가 고작 하나의 물리적 공간으로 치부되거나 훼손될 것에 대한 염려이다.

그러기에 이 책은 신당만 이야기하고 있지 않다. 사실 이 책에 소개되고 있는 신당들은 신당에 얽힌 서사가 특별하기도 하지만 다른 한편으로는 이야기를 풀어내기 위한 소재이기도 했다. 이 책에서 신당이 씨줄이라면 날줄은 제주인의 삶과 문화 그리고 역사이다. 나아가 신당이 날줄이라면 씨줄은 사람살이, 세상살이에 대한 성찰이다. 말하자면 이 책은 시간과 공간, 문화와 역사, 신화와 신앙, 욕망과 상징 등에 관한 인문학적 성찰을 신당을 소재로 삼아 이야기로 풀어놓은 것이다.

신당은 신의 내력담, 즉 신화가 전승되는 하나의 통로다. 그리고 신화는 무엇보다도 하나의 이야기이다. 이야기를 통해 신은 서술적으로 형상화되고, 그 이야기가 입에서 입으로 전해지면서 상상 속의 신은 현실 존재로 드러난다. 이렇듯 감각적으로 경험할 수 없는 신을 경험한 듯 느끼게 하는 것, 이것이 바로 이야기의 힘이다. 필자가 신당을 소재로 하여 인문학적 성찰을 이야기로 풀어낸 것은 바로 이야기의 힘을 빌리고자 했기 때문이다.

시대를 막론하고 인간의 삶이 있는 곳에 이야기가 있다. 이야기는, 그것이 무엇이든 세상을 사는 경험을 이야기하는 것이다. 필자가 이야기의 힘을 빌리고자 했다는 것은 전승의 문화와 거리가 멀어진 이들에게 이야기를 통해 상상하게 함으로써 경험을 공유하기를 희망했기 때문이다. 제주인의 삶과 문화가 어떻게 다른지, 심지어 공간인식조차도 육지부와 어떻게 다른지, 역사 속에서 어떤 문화적 폭력이 행해졌고 또 그 와중에도 사람살이의 온기가 어떻게 보존되어왔는지 공유하기를 희망했기 때문이다.

2007년 그동안 떠돌았던 신당 이야기를 책으로 엮어낼 작정을 했고, 2008년 『제주도 신당 이야기』가 제주대학교 출판부에서 출간되었다. 집필을 시작할 당시에는 두 권 분량의 기획을 하였고, 우선 집필한 부분이 출간된 것이다. 그런데 기나긴 병고로 인해 원래 기획했던 내용을 연속적으로 집필하지 못했다.

재출간을 하게 된 시점에서 원래 기획한 내용을 보완한 증보판을 낼 것인지 여부는 상당한 고민거리였으나, 결국 2008년에 출간된 원고로 한정하기로 하였다. 가장 큰 이유는 15년이나 지난 시점에서 책의 내용을 보충하는 것은 자칫 전체 내용의 결을 흩트리게 될 것이라는 우려였다. 동시에 이 책이 제주도 신당에 대한 보고의 성격이라면 최근의 변화상을 반영할 필요가 있겠으나, 전반적으로 신당을 소재로 한 인문학적 성찰의 성격이라는 점에서 기존 내용만으로도 독자에게 의미 있는 책이 될 것이라는 판단도 한몫했다.

아무쪼록 이 책이 당신앙과 신화가 살아 있는 제주문화에 접근하는 하나의 통로이기를 희망한다. 이 책이 사람살이, 세상살이에 대해 다르게 생각하는 하나의 계기가 되기를 희망한다.

책이 재출간될 수 있도록 여러모로 애쓴 한그루 그리고 김지희 편집장에게 고마운 인사를 전한다.

2023년 8월

**하순애**

제주도 신당(神堂)
이야기

## 1장 원초적 공간의 메타포

## 2장 돌담과 바위가 만드는 성소

## 3장 뱀, 그 신성한 상징

## 4장 사랑의 변주곡

## 5장 만남과 부정한 이별

## 6장 한 많은 넋을 달래다

# 원초적 공간의
# 메타포

# 동굴, 그 신비한 어두움

## 서귀포시 보목동 〈조녹잇당〉

제주도는 화산섬이다. 지질학적 연구에 의하면 지금으로부터 80만~70만 년 전 사이에 용암이 분출되기 시작하여 그 후 여러 번의 화산활동이 있었고, 2만 5천 년 전의 마지막 대폭발로 지금의 한라산과 해안선이 이루어졌다고 한다. 그래서 제주도는 돌 많은 땅이고, 곳곳에 화산암이다. 그뿐이랴, 용암이 흐르면서 형성된 동굴은 오죽 많은가. 관광객이 즐겨 찾는 만장굴, 협재굴로부터 천연기념물로 지정된 당처물동굴, 세계 최대 규모의 동굴호수가 있는 용천동굴, 그 밖에도 구린굴, 고넹이술굴, 강생이굴, 빌레못굴, 거멀창굴, 벵듸굴 등 구수하고 정겨운 이름을 가진 동굴들이 수도 없다. 어쩌면 제주도 지표 아래에는 지금 우리에게 알려진 동굴의 수보다 훨씬 많은 동굴들이 숨죽여 있는지도 모르겠다.

여하튼 제주도는 화산섬이 만들어내는 독특한 풍광과 정취에 기대어 국내 최고 관광지로 자리 잡은 지 오래다. 그러나 돌이켜 생각하면, 돌 많고 바람 많은 섬, 귀한 물과 변화무쌍한 기후의 섬, 외부와의 교류가 쉽지 않은 절해고도(絶海孤島)에서 제주인들은 열악한 삶의 조건을 극복하기 위해 얼마나 치열하게 살았을까?

돌투성이 땅을 파헤치고 거친 바다에서 삶을 건져 올리기 위해, 고된 노동을 견디는 강인한 정신은 제주인의 태생적인 자질이었을 것이다. 더불어 어떤 알 수 없는 초월적인 힘에 대한 기원도 절절했을 것이다. 본래 자연환경이 척박한 곳일수록 강한 종교성을 지닌다고 하지 않는가.

제주도 신당 중에는 참으로 '화산섬 제주도'라는 생각을 절로 나게 하는 신당들이 있다. 바람 드센 바닷가에 둥글게 쌓은 돌담으로 자리한 신당도 그렇고, 거무튀튀한 현무암이 떠억 버티고 앉은 신당도 그렇다. 더욱이 신당 가는 길이 계곡을 끼고 돌거나 마른 개울의 바위를 조심스레 디디고 갈 때쯤은 그 잔잔하게 아름다운 풍광과 성소를 향한 경건한 마음이 하나로 어우러지기도 하거니와, 막상 그 길의 끝에서 작은 동굴에 자리한 신당을 만나면 마음은 일시에 탄성으로 가득 찬다. 서귀포시 보목동 본향당인 〈조녹잇당〉이 바로 그런 곳이다.

건천(乾川)이기는 하지만 내[川]가 있고, 그 내와 어우러진 조록나무 숲이 자아내는 분위기는 사뭇 그윽하다. 숲 그늘이 너무 짙어 한낮에라도 서늘한 느낌이 들 정도이다. 신당은 서늘한 숲 그

**그림 1** 서귀포시 보목동 〈조녹잇당〉 입구.

늘 끝머리, 조녹잇궤라고 불리는 동굴이다. 동굴 이름은 주변에 우거진 조록나무에서 따왔으리라.

현재 굴의 입구에는 철문이 세워져 있다. 함부로 드나들지 말라는 뜻이겠지만, 그렇다고 잠겨 있는 것은 아니다. 육중한 철문을 열면 일순 어둠이 다가선다. 입구로부터 들어오는 빛으로는 동굴 내부를 제대로 볼 수 없다. 눈이 어둠에 익을 만큼 기다려서야 비로소 동굴의 규모가 잡힌다. 굴 안은 의외로 넓어, 수십 명이라도 편안하게 들어앉을 만하다.

조녹잇궤 안에 가만히 서면, 차가운 철문을 들어설 때의 그 낯설고 불편한 기분은 어느새 사라지고 만다. 굴 입구로부터 들어오는 빛이 가라앉듯 동굴 안을 적시고, 그 가녀린 빛만큼 조용히 떠오르는 은밀한 공간이 문득 편안하다. 어릴 적 벽장 안으로 기어들어 문을 안으로 움켜쥐었을 때, 그 닫힌 공간이 주는 느낌과도 사뭇 닮았다. 닫힌 공간, 은폐된 공간이 주는 편안함, 가만히 그 어둠에 젖어 드는 느낌, 그러다가 얼마 지나지 않아 어둠조차도 없는 잠으로 가라앉고야 마는 벽장의 세계.

그러나 스르르 쭈그려 앉고픈 마음을 번쩍 깨우는 향로와 촛대. 그렇다, 이곳은 편안함으로 질펀하게 앉아서는 안 되는 곳, 경외의 공간 아니던가. 동굴 안쪽으로는 가로로 길게 제단이 마련되어 있다. 큼직하게 제단이 마련되어 있다는 것은 제물을 올리는 사람의 수가 그만큼 많음을 짐작하게 한다.

그런데 어둠에 눈이 익을 즈음, 제단 위쪽을 가만히 들여다보면 동굴 벽에 또 다른 작은 굴이 보인다. 한 사람은 너끈히 기어들

**그림 2** 〈조녹잇당〉 내부 정면 제단.

어 갈 만한데, 차마 몸을 들이밀 엄두를 내기는 어렵다. 어두움에
쌓인 우묵한 공간, 그곳에 몸을 가까이했다가는 그 우묵한 어둠
속으로 빨려들 것 같은 원초적 두려움일 수도 있다. 하지만 그보
다는 제단 위쪽에 있는 작은 굴, 그곳은 당연히 신이 계신 자리라
고 관념하기 마련이고, 따라서 감히 신의 자리에 몸을 들이밀기
는 어려운 일이다.

　그러고 보면 이런저런 경계는 모두 사람 마음이 지어내는 것
임에 틀림없다. 조녹잇궤 입구를 막고 서 있는 철문을 경계로 일
상 공간과 성스러운 공간이 나뉘더니, 다시 굴 안에서는 제단을
경계로 사람이 설 자리와 신의 자리가 나누어진다. 우리에게 장

소에 대한 관념이 없다면, 철문이나 시멘트로 매끈하게 다듬어진 제단이 무슨 대단하게 두려운 경계가 될까? 언젠가 이곳에 왔던 어느 선생은, 조녹잇궤 안에 들어서기도 전에 멀찌감치 조녹잇당이 보이는 지점에서 이미 써늘한 기운을 느껴 진저리치더니만, 그 후 일주일을 앓아누웠다고 하니, 그 사람에게는 조녹잇당이라는 이름 자체가 경계였던 셈이다.

마음이 경계를 지어내는 것과 마찬가지로 동굴에 특별한 의미를 부여하는 것 역시 마음일 터이다. 우리의 단군신화에서 곰과 호랑이가 백일 동안 마늘을 먹으며 사람으로 환생하기를 기다리던 곳도 동굴이다. 또 저 구석기시대 동굴벽화로 유명한 알타미라 동굴, 라스코 동굴이 모두 성소 아니던가. 어디 그뿐인가? 우리 문화의 자랑인 석굴암은 불상을 굴에 안치함으로써 그 위엄을 더하고 있고, 서역 불교 유적들의 태반은 석굴에 있다. 알타미라 및 라스코 동굴에 벽화가 그려진 시기가 기원전 만 오천 년 전, 단군신화의 시간적 배경이 반만년 전, 그리고 천 년 전 신라와 탐라에 이르기까지 동서고금을 막론하고 동굴은 신의 영역이거나 신성을 기원하는 영역이라는 점에서는 공통적이다. 이렇듯 동굴이 주는 그 신비한 어두움, 은밀한 분위기를 신성한 공간으로 관념하는 것을 보면, 사람의 마음은 시·공을 달리해도 어쩔 수 없이 닮아 있는 모양이다.

첨단과학의 시대, 21세기를 사는 우리조차도 닫히고 단단하고 어두운 동굴 안에 서면, 어떤 신비하고 강력한 자연의 힘을 느끼기도 하지 않는가. 이럴진대 오래전, 세상을 신비한 눈으로 바라보던 사람들이 닫히고 단단하고 어두운 공간, 그 은밀한 느낌이 드는 장소에 신령이 존재한다고 관념하는 것은 너무도, 너무도 당연하다. 서귀포시 보목동에 살던 사람들이 조녹잇궤를 신의 집으로 관념했던 것도 같은 이치일 것이다.

〈조녹잇당〉에는 한라산신인 '조노기한집 ᄇᆞ름웃도'와 조노기한집 ᄇᆞ름웃도의 첩 '신임신중또 말젯ᄯᆞᆯ애기[1]'가 함께 좌정해 있다.[2] 왜 하필 첩과 함께 좌정해 있는가? 조노기한집 ᄇᆞ름웃도의 처신이 '돗고기 부정'을 저질렀기 때문에[3] 이웃 마을 토평으로 쫓겨나고, ᄇᆞ름웃도가 새 처신을 맞아들인 것이다. 신들의 세계에도 불화와 갈등이 있음은 인간 세상과 다름없다!

여기서 잠깐, 용어 정리를 하고 넘어가자. '한집'이란 큰집이란 뜻으로, 신당을 일컫기도 하고 때로는 신당에 좌정한 본향신을 일컫기도 한다. 특히 본향신을 일컬을 때는 한층 외경의 의미가 묻어나도록 '한집님'이라 부르기도 한다. 따라서 '조노기한집'은 '조녹잇궤에 좌정한 본향신'이라는 뜻이 된다. 한편 'ᄇᆞ름웃도'에서 '도(都)' 혹은 '또'는 신격에 붙는 접미호칭이니, 'ᄇᆞ름웃도'는

---

1) 　말젯딸이란 셋째 딸의 제주어이다.
2) 　조녹잇당에 좌정해 있는 신의 신명은 본풀이마다 약간의 차이가 있을 수 있다. 여기에 기술된 신명은 진성기가 채록한 본풀이에서 추출한 것이다.(진성기, 『제주도무가본풀이사전』(이하 『무가』로 함), 494-496쪽. 참고.)
3) 　〈조녹잇당〉 부부신에 관한 내력 및 '돗고기 부정'에 관한 얘기는 5장 2절에서 보다 자세히 다룬다.

'바람 위에 계신 신'으로 풀이된다.

〈조녹잇당〉의 위엄 때문일까, '조노기한집'의 위력 때문일까, 지금도 많은 신앙민이 〈조녹잇당〉에 다닌다. 〈조녹잇당〉이 위치한 보목동은 말할 것도 없고, 이웃한 마을인 신효, 하효, 토평, 상효에서도 이 당을 본향으로 섬긴다. 젊은 사람과 외지에서 보목동으로 이사 온 사람까지 〈조녹잇당〉 제일4)에 참여하는 것을 보면 당신앙이 조만간 없어질 것이라는 예단을 하기는 섣부른 감이 있다.

〈조녹잇당〉을 중심으로 당신앙이 강하게 지속되는 것을 보면, 혹시 신당의 독특하고 위엄 있는 분위기가 신앙심을 지속시키는 하나의 요소로 작용하지 않는가 추측하게 된다. 하지만 별로 그런 것 같지는 않다. 서귀포시 중문동의 본향이었던 〈ᄃᆞ람지궤당〉도 그 형태적인 아름다움과 위엄으로는 〈조녹잇당〉 못지않다. 하지만 작은 숲길과 냇가의 바위를 디디며 가야 하는 길이 연로한 당맨심방5)에게 불편하다는 이유로 당을 쉽게 버렸다.

물론 신앙민들이 〈ᄃᆞ람지궤당〉에 더 이상 다니지 않는다고 해서 당신을 저버린 것은 아니다. 그들은 중문동 내의 또 다른 본향인 〈불목당〉, 도로변에 위치하여 연로한 심방이 접근하는 데

---

4)  〈조녹잇당〉 제일은 1월 13일, 2월 12일, 11월 14일이다. 제일 외에도 집안에 중요한 일이 있을 때는 신앙민들이 개인적으로 이 당을 찾기도 한다.
5)  '당맨심방'은 '당을 매고 있는 심방'이라는 뜻이다. '매인심방'이라고도 한다.

아무런 불편이 없는 〈불목당〉으로 옮겨 비념을 한다. 다만 제주
도 신당의 독특한 매력에 애착을 가진 사람의 입장에서, 오랜 시
간 동안 마을의 성소였던 장소가 한갓 바위굴로 전락하지나 않을
까, 아름답고 은밀한 장소가 지녔던 의미가 망각되지 않을까, 아
쉽기만 할 따름이다. 동서고금을 막론하고 동굴을 신성한 공간으
로 관념하는 인류 공통의 문화, 그 하나의 흔적이 사라지는 아쉬
움이 너무 크다.

# 바위그늘 집자리인가,
# 큰 집(한집)인가

**서귀포시 중문동 〈ᄃ람지궤당〉**
**애월읍 상귀리 〈황다리궤당〉**

  동굴을 신성한 공간으로 관념하는
것이 세계적으로 보편적이기는 하지만, 구체적인 외양만 보면 제
주도 신당이 자리한 동굴은 우리가 동굴벽화로 떠올리는 구석기
시대의 성소인 동굴과는 너무 다르다. 유럽에서 성소로서 벽화가
그려진 동굴이 150개 넘게 발견되었는데, 그중에는 동굴 입구나
처마처럼 튀어나온 암벽에서 발견된 벽화도 있지만, 대부분 빠져
나가기 어려운 통로를 지나간 곳이나 동굴의 후미진 곳으로, 동
굴 입구로부터 깊숙이 들어간 내부에 자리해 있다. 이렇듯 구석
기시대의 성소인 동굴들은 미로를 그 특징으로 할 정도로 깊고
오묘하다. 이에 비해 제주도 신당이 자리한 동굴, 즉 궤는 깊지 않
은 동굴 아니면 바위그늘이라고 해도 좋을 규모이다.
  그래서 엉뚱한 생각이 든다. 혹시 지금의 굴형 신당이 바위그

늘 집자리가 아니었을까? 특히 신당이 있는 동굴마다 바로 곁에 물이 있다는 점에서 물자리를 중심으로 존재했던 선사시대의 굴혈 주거지로서 이보다 안성맞춤은 없을 듯한데 말이다. 사실 이런 엉뚱한 생각을 뜬금없이 하게 된 것은 '궤'로 불리는 굴형(窟形) 신당, 특히 서귀포시 중문동 〈드람지궤당〉 그리고 애월읍 상귀리 〈황다리궤당〉에서였다.

서귀포시 중문동 〈드람지궤당〉은 천지연 중류에 있는 바위굴이다. 바위굴의 이름이 '드람쥐궤'여서 〈드람지궤당〉이라 부른다. 그런데 왜 드람쥐굴이라고 하지 않고 드람쥐궤라고 하는가? 제주어의 용례라고밖에는 달리 설명할 길이 없다. 제주도에서는 움푹 들어간 곳은 모두 '궤'라고 칭한다. 주먹만 한 크기의 움푹 들어간 구멍도 궤이고, 바위 틈새도 궤이며, 이곳 드람쥐궤처럼 삼십여 명이 넉넉히 들어앉을 수 있는 제법 넓은 공간도 그 지형이 움푹 들어간 곳이면 궤라고 한다.

드람쥐궤를 향해 가는 길은 평탄치 않다. 짧은 길이기는 하지만 가파르고 큼직한 바위를 넘어가서야 굴 입구에 닿는다. 하지만 그 바위 위에 발을 딛고 서면, 훌러덩 옷 벗어 던지고 뛰어들고 싶은 소(沼)가 바로 코앞에 있다. 그 소 밑으로 흘러내리는 야트막한 개울물은 또 얼마나 고운가. 아슬아슬하게 바위를 타고 내려서서 손이라도 적시지 않고는 못 배길 정도이다. 아, 이곳에서 터 잡고 여름 한철 푹 쉬면 얼마나 좋을까. 소가 내려다보이는 바위에 앉아 옛 시인의 시나 읊으면 어디 도원경이 따로 있으랴. 이런 망상을 하다가 문득 실제로 드람지궤에서 사람이 살던 시절이 있지 않았을까 하는 생각이 떠올랐다.

그러나 문득 떠오른 그 생각은 〈드람지궤당〉의 분위기에 젖어 금방 잊어버렸다. 굴 안에서 어느새 희미해진 빛, 그 은은한 빛에 드러나는 제단이 이곳에서 기원의 마음으로 앉아 있었을 마을 여인들의 정성을 그대로 전해주었기 때문이다.

그런데 시간을 거슬러 오르는 상상을 다시 하게 된 것은 애월읍 상귀리 본향당인 〈황다리궤당〉에서였다. 이 역시 '황다리궤'로 불리는 바위그늘을 신당으로 삼았기에 〈황다리궤당〉으로 불린다.

〈황다리궤당〉이 위치한 마을 이름은 소앵동이다. 이곳에 소왕이물이 있어, 소왕이골 혹은 소웽이골로 불리다가 소앵동이 된 것이다. 소왕이물이 있는 지경에 이르면 홀연 시야가 확 트인다. 이 지경이 높기도 하지만, 북쪽 바다까지 시야에 걸리는 것이 없다. 그러나 확 트인 시야와 대조적으로 소앵동에는 큰 암석과 절벽, 계곡이 숨겨져 있다. 이 숨겨진 비경 속에 〈황다리궤당〉이 있다.

〈황다리궤당〉은 절벽 아래에 있어, 평지에 서서는 보이지 않는다. 조심스레 계곡을 따라 형성된 나무숲을 더듬으면 당으로 내려가는 길이 나 있다. 아마도 오래전에는 가파른 내리막길을 주변의 나무를 의지 삼아 다녔을 것이다. 지금은 시멘트로 만든 일정한 간격의 좁은 계단이다. 당에 다니는 걸음을 조금이라도 편안하게 하기 위해 마을 사람들이 정성껏 꾸민 것일 게다. 계단이 길게 이어진 만큼 황다리궤는 깊숙한 곳에 자리해 있다.

그림 3 〈황다리궤당〉 내부. 바위 아래 움푹 파인 궤가 주신(主神)인 송씨할망의 좌
정처이다.

계단을 다 내려서는 순간, 누구나 탄성을 지르지 않을 수 없
다. 좁고 깊은 계단을 내려오면서 웅크렸던 마음을 일시에 풀어
줄 만큼 황다리궤는 훤칠하게 넓고 또 편안하다. 게다가 현무암
질 용암류에 나타나는 기묘한 절리(節理), 그 켜켜이 쌓인 형상, 그
리고 바위와 한몸이 된 채 황다리궤를 덮고 있는 나무, 나무들. 외
부로부터 차단된 공간이면서 하늘을 향해 열려 있어 결코 어둡지
않은, 그러면서도 나무 사이로 내리는 햇빛이 결코 요란하지 않
은, 그런 편안함이 황다리궤에 가득하다. 참으로 누구라도 여기
에서 아득한 시간을 상상하지 않을 수 있으랴. 비현실적인 아득
함에 젖어들지 않을 수 있으랴.

오래전, 아주 오래전, 상귀리에 드문드문 사람들이 자리 잡아
살고 있을 즈음, 그때 그들에게 이곳 황다리궤라는 장소는 어떤
의미였을까? 지금 신당이라는 이름으로 불리는 그런 의미, 즉 초
월적인 어떤 힘에 기원하는 장소라는 의미도 있었을 것이다. 이
런 곳에서 신비한 힘을 떠올리지 않을 수 없는 것이 인간의 감성
이기 때문이다. 더욱이 그들의 감성은 우리보다 훨씬 초월적인
세계에 다가가 있었을 것이다. 그래서 그들에게 사람이 나고 죽
는 일, 계절이 바뀌고 풍우(風雨)가 몰아치는 일, 먹고 사는 일, 그

모든 일은 사람으로서는 알 수 없는 힘이 일으키는 조화라고 생각했을 것이다. 또 그래서 그들은 일이면 일마다 신의 뜻을 헤아리고 신력을 얻기 위해 옹기종기 함께 모여 앉았을 것이다. 그 모여 앉았던 장소가 바로 이곳이 아닐까? 아주 오래전 사람이 살던 공간이 작았을 때, 이 훤칠하게 넓은 공간, 게다가 신령스러운 이 공간이 사람들이 모이는 장소가 아니었을까?

이런 상상을 하다 보면 '한집'이라는 말도 예사롭지 않다. 앞 절에서 '한집'을 큰집이란 뜻으로, 신당을 일컫기도 하고 때로는 신당에 좌정한 본향신을 일컫기도 한다고 적었다. 그런데 사실 용례로 보면 '한집'은 신을 지칭하고 있다. 〈황다리궤당〉의 본풀이에도 "이 본향 황다리궤 한집님은…", "황다리궤에 모신 본향한집"이라는 대목이 있다. 이때 한집은 분명 신이라는 뜻이다. 그런데도 '한집'이 신당을 일컫는다고 회자되는 것은 아마도 집이라는 공간 개념과 신당이라는 공간 개념이 일치하는 데서 나온 해석일 것이다. 공간 그 자체로 본다면, 황다리궤는 과거의 주거 규모에 비해 굉장히 너른 장소이다. 따라서 큰집, 즉 한집으로 부르는 것은 너무 당연하다.

'한집'이라는 용어를 물리적 규모로 풀어내는 것은 자칫 '한집'이라는 말에 담긴 경외의 의미를 훼손하는지 모르겠다. '한집'을 공간 개념인 큰집으로 해석한다고 할지라도 그것은 규모가 아니라 신의 집이라는 상징적 의미라야 한다는 반박이 있을지 모르겠다. 맞다. 어떤 경우라도 제주도의 '한집' 그리고 '한집님'은 초월성의 의미로 읽혀야 한다.

그런데도 〈황다리궤당〉을 물리적 차원에서 '큰 집'으로 상상하는 것은 황다리궤가 고대와 현재라는 시간적 간격을 뛰어넘을 만큼 자연성을 간직하고 있기 때문이다.

천연의 신성한 공간, 〈황다리궤당〉에서 인공적인 부분은 황다리궤 넓은 공간을 가르는 돌담이다. 담의 모양새가 만만치 않다. 자연석을 쌓았으되, 아래와 모서리에 큼직한 바윗돌을 놓아 장중함을 주고 그 나머지 그만그만한 냇가의 잡석을 모양 좋게 높직이 쌓아 올린 품이 견고하고도 세련되다. 돌담은 공간을 나누면서, 동시에 신당에 들어서는 문(門)을 표시하고 있다.

그림 4 〈황다리궤당〉 안의 돌담.

그림 5 돌담 밖 강씨하르방의 좌정처.

돌담 안쪽은 상당히 넓은데 주신(主神)인 송씨할망이 좌정해 있고, 그 바깥에 강씨하르방이 좌정해 있다. 결국 돌담은 할망신의 영역과 하르방신의 영역을 구분해 놓고 있는 셈이다. 부부신이 왜 따로 좌정해 있을까?

따로 좌정하게 된 내력에 관해 서로 다른 두 얘기가 구전된다. 하나는 강씨하르방이 돼지고기를 먹고 비린내를 풍긴다고 하여 송씨할망이 하르방을 문전 밖으로 내몰았다는 얘기이다. 다른 하나는 송씨할망이 승천하는 용에게 희생이 되자 강씨하르방이 할망 곁으로 다가가다가 바위틈에 끼여서 죽었다는 얘기이다.

두 이야기는 성격이 아주 다르다. 전자는 하르방신의 '돗고기 부정'으로 인한 별거이고, 후자는 할망에 대한 하르방의 순애보이다. 그런데 돌담으로써 두 신의 좌정처를 구분해 놓은 것을 보면, 아무래도 상귀리 신앙민들은 '돗고기 부정'설을 택한 것 같다. 할망신은 문 안이고, 하르방신은 문밖이다. 할망신을 'ᄇᆞ름웃또(바람 위의 신)'라고 하고 하르방신을 'ᄇᆞ름알또(바람 아래의 신)'라고 하여 서열을 구분해 놓고 있다. 게다가 하르방신에게는 돼지고기를 제물로 올린다. 다만 돌담 밖, 하르방신이 좌정한 곳이 바위가 갈라진 틈이라는 점, 할망이 죽었다는 음력 정월 초이렛날이 당제일이라는 점은 두 번째 얘기에서 유래된 것이다.

전해오는 이야기를 두고 시시비비를 가릴 것이야 없다. 그저 옛사람들이 거침없는 상상력으로 사람살이와 신비의 세계를 종횡무진한 것에 감동할 수밖에.

지금 애월읍 상귀리는 그리 큰 마을이 아니다. 특히 〈황다리궤당〉이 위치한 소앵동은 작은 자연마을이다. 그런데도 〈황다리 궤당〉은 인근 마을에서도 아주 큰 당 혹은 센 당으로 인식하고 있다. 본풀이를 보면, 그럴 수밖에 없다. 송씨할망의 딸들이 애월읍 지역 곳곳에 당신으로 좌정하기 때문이다.6)

이렇게 큰 당이지만, 당굿은 이미 1960년대 미신 타파 운동의 여파 속에 없어졌다. 그러나 지금도 정초에 유교식 마을제를 지내기 전에, 이장을 필두로 한 몇몇의 대표자들이 먼저 송씨할망에게 제를 올린다. 물론 정초에는 개별적으로 당을 찾는 신앙민도 많다. 그만큼 송씨할망에 대한 신앙이 살아 있다는 증거 아니겠는가.

_____

6)  본풀이에 따르면 송씨할망의 큰 딸은 애월읍 소길리 본향당신으로, 둘째 딸은 상귀리 황다리궤에 일뤠할망으로, 셋째 딸은 애월읍 장전리 본향당신으로, 넷째 딸은 애월읍 중엄리 본향당신으로 좌정하였다. 그런데 이 외에도 애월읍 대부분의 마을 본향신이 송씨할망이며, 심지어는 제주시 권역에서도 도두동처럼 송씨할망이 주신인 곳도 있다.

# 제주의 원형질
# 공간을 살려라

## 한림읍 금릉리 〈능향원〉

앞 절에서 언급한 〈황다리궤당〉은 주변의 지면보다 훨씬 낮은 곳에 있다. 그런데 제주도 신당을 두루 둘러보면, 〈황다리궤당〉만큼 깊진 않으나 지면보다 낮은 분지형 공간에 자리한 당을 자주 만나게 된다. 이는 육지부에서 마을신이 좌정한 장소가 대개 산정이나 고갯마루인 것[7]과 비교하면 아주 독특한 현상이다.

주변의 지면보다 낮은 분지형 공간을 제주어로는 굴렁진 곳, 함진 곳이라 한다. 함진 곳이라는 말은 함몰된 곳이라는 뜻이다.

---

[7]    강현모는 "마을의 수호신인 마을신을 모셔두는 당집은 산정, 산중턱, 산기슭, 고갯마루 길가에 있다."(『한국민속과 문화』, 비움과 채움, 2005, 162쪽.) 고 적고 있다.

**그림 6** 조천면 와흘리 〈본향당〉에 걸린 물색.

왜 이렇듯 분지형 공간, 함몰된 공간에 자리 잡은 신당이 많은 것일까?

얼핏 생각하면, 바람 많은 땅 제주도에서 바람을 피하기 위한 선택이라 짐작된다. 신성한 제의 공간이 요란스러운 바람결에 노출되는 것은 아무래도 어수선하다. 그런 점에서 바람을 피하기 위한 선택이라는 판단은 설득력 있다. 실제로 제주도 해안마을 중에는 바람 드센 장소에 자리한 신당들도 꽤 있는데, 이들 신당들은 한결같이 돌담으로 둘러싸서 바람에 덜 노출되는 안정감을 확보하고 있다.

그런데 육지부의 산정 혹은 고갯마루의 사정은 어떤가? "산

위에서 부는 바람…"이라는 노랫말이 있는 만큼, 산정 혹은 고갯마루는 바람에 크게 노출된다. 그래도 그러한 바람 길목에 당이 있다. 어디 그뿐인가. 티베트 여행길에 나선 사람들은 너나없이 고갯마루마다 휘날리는 타르쵸, 흰색, 노랑색, 초록색, 파란색, 빨간색으로 이루어진 기원의 깃발, 타르쵸에 깊은 인상을 받곤 한다. 타르쵸를 걸어두는 장소는 우리의 신당에 다름없고, 타르쵸는 당에 거는 물색과 다름없을 터이다. 그런데 그들은 바람결이 가장 드센 장소를 선택하고 제주도는 바람을 피하는 장소를 선택한다. 이런 차이를 어떻게 설명할까?

그림 7 티베트 고갯마루의 타르쵸.

우선 지역의 공간관이 하나의 단서일 수 있겠다.

티베트의 종교에서 공간인식은 비가시적이고 보다 상징적이다. 티베트인들은 경전의 글귀가 새겨진 깃발들이 바람에 펄럭이면, 깃발에 새겨진 축복의 말이 바람에 실려 멀리까지 퍼져나간다고 믿는다. 타르쵸에 새겨진 경전의 글귀, '지혜의 말씀'들이 바람을 타고 더 멀리 퍼질수록 대기는 정화되는 것이고, 그렇게 신성한 땅이 될 때 신의 가호를 받을 수 있다는 것이다. 그렇다면 타르쵸가 대기를 정화시킬 수 있도록, 즉 더 멀리 바람에 실릴 수 있도록 하는 방법은 바람결이 드센 장소를 선택하는 것이다. 이렇게 '지혜의 말씀'이 바람에 실려 떠도는 그 땅을 모두 신성한 땅으로 관념하는 그들의 공간인식은 물리적인 경계를 초월해 있다.

이에 비해 무속의 현실적 공간인식은 가족이 사는 집과 마을을 경계로 안과 밖을 구분한다. 무속적 사고에 있어서 마을은 관계적 존재인 인간 삶의 근원이고 생명의 터전이며 세계 그 자체이다. 따라서 마을 안과 밖은 서로 다른 세상인 셈이니, 굳이 마을밖에까지 신력이 미치기를 기원할 아무런 이유가 없다.

그런데 무속적 공간관이 마을에 근거해 있다고 하더라도, 육지부와 제주도 신당의 공간적 차이를 설명하기는 어렵다. 육지부에서 나타나지 않는 분지형 공간이 제주도 신당에서 많이 나타나는 이유를 어떻게 설명할 수 있을까? 아무래도 건축의 문화적 코드 외에는 설명할 도리가 없다.

육지부에서는 주변 지면보다 낮은 분지형 공간은 좋은 주거 공간이 아니다. 반면 제주도에서는 사시사철 드세게 부는 바람을 막기 위해 가급적 지형적으로 낮은 곳에 주거 공간을 위치시키며 지붕 물매도 낮게 한다. 나지막한 공간에 자리한 제주 전통가옥을 밖에서 바라보면, 납작 엎드린 듯한 모양이 모진 바람살도 수월하게 넘길 것 같은 안정감이 있다. 한편 집 안으로 들어가서 보면 그 나지막한 공간은 결코 폐쇄적인 느낌의 공간이 아니다. 마당을 축으로 하여 안거리와 밖거리가 마주한 앉음새는 편안하기 그지없고, 자연석으로 쌓은 성긴 울담이 주는 느낌은 퍽이나 안온하다. 이러한 독특한 제주 전통가옥의 공간성은 오랜 시간 자연에 대응하면서 생성된 건축문화, 그야말로 전형적인 해양성 기후조건 및 강한 바람의 자연환경에 순응한 독특한 양식의 건축문화이다.

분지형 공간이 제주건축의 한 문화적 코드이기에 그것은 주거 공간에만 적용되는 것이 아니라 여타의 공간에도 하나의 텍스트가 된다. 말하자면 많은 제주도 신당이 분지형 공간에 위치하는 것은 제주적인 공간인식이고 제주건축의 문화적 요소이다.

제주 출신의 건축가 김석윤은 전통가옥이나 신당의 공간으로 선호되는 굴렁진 곳, 즉 오목한 모양의 분지형 공간을 '제주의 원형질 공간'이라 칭한다.[8] 실로 이 용어만큼 분지형 공간이 지니는 문화적 의미를 명쾌하게 밝히는 말은 없을 것이다. 실제로 분지형 공간에 자리한 신당에 들어서고 보면, 누구라도 그곳에서

---

[8]  김석윤은 '원형질 공간'이라는 개념을 간행물에서 사용한 바는 없으나, 2004년에 설계한 「한라도서관 설계 설명서」에서 사용하고 있다.

**그림 8** 금릉 〈능향원〉 전경.

제주에서만 느낄 수 있는 고유한 질감(質感)을 느끼게 된다. 낮게 가라앉은 공간이 주는 안온함과 쾌적함, 현무암 바위의 거무스레한 색감과 촉감이 주는 '날 것'의 편안함, 이런 질감은 제주형 공간이 아니고서는 어디서도 만나기 어려운 것이다. 그래서 김석윤이 사용하는 '원형질 공간'이란 개념은 '원형적 공간'이라는 용어로 대체될 수 없는 깊이를 지닌다.

그런데 제주의 원형질 공간이 독특한 문화 요소라는 주장을 이렇게 길게 늘어놓은 데에는 이유가 있다. 하나는 제주도 신당의 공간성에 대한 인식을 제대로 하자는 제언을 하기 위해서이다. 최근 신당에 대한 사회적 시각이 변화하면서 2005년에 제주도는 다섯 군데의 신당을 지방문화재로 지정하였다. 그러나 지방문화재를 선정하는 기준으로서 제주도 공간의 고유성은 전혀 고려되지 못했고, 따라서 제주도 공간의 고유성을 드러내는 신당은 도지정문화재로 선정되지 못했다. 앞으로 이 점은 진지하게 논의되어야 할 것이다.

다른 하나의 이유는 신당을 옮기면서 원형질 공간을 잘 살려낸 모델을 알리기 위함이다. 한림읍 금릉리 〈능향원〉이 바로 그곳이다. 금릉리에는 원래 5곳의 당이 있었는데, 주민들의 합의에 의해 1986년 신당을 정비하기로 하였다. 그리하여 〈축일본향당〉과 〈술일본향당〉 두 곳만 포제단과 함께 〈능향원〉9)으로 옮

---

9)　〈능향원〉은 금릉리 마을 서쪽 외곽 지경에 있다.

겨졌다.

능향원 입구로부터 소담스런 소로를 따라 들어가면, 정면에 포제단이 있고, 포제단 양편 조금 비탈진 곳으로 자리 잡아 서쪽에 〈축일본향당〉인 할망당, 동쪽에 〈술일본향당〉인 하르방당이 있다. 그런데 놀랍게도 〈축일본향당〉과 〈술일본향당〉 두 신당은 제주도 특유의 원형질 공간을 재현해 놓고 있다. 약간 비탈진 장소를 택해 제주어 그대로 '함진 곳'이라는 공간성을 확보한 것이다. 게다가 사진에서 보이는 바처럼 돌담으로 제주 특유의 조형미를 살려내고 있다. 굵직굵직한 현무암 바위를 툭, 툭, 쌓아 만들어낸 오목한 공간은 더할 나위 없이 안온하다. 1970년대 이후 몇

그림 9 한림읍 금릉리 〈축일본향당〉. 신당기행 참가자들이 당을 둘러보고 있다.

**그림 10** 한림읍 금릉리 〈술일본향당〉. 추석 차례를 지낸 후, 당에 와서 제를 지내고 있는 신앙민.

군데 마을에서 신당을 재정비한답시고 시멘트를 덕지덕지 바르거나 경박하게 당집을 지었던 것과는 상당히 다르다.

이제 금릉리에서는 당굿은 물론이고 본향당을 맨 매인심방도 없어, 신앙민이 개별적으로 제물을 차려 본향당신에게 정성을 하는 정도로 당신앙의 명맥이 유지되고 있는 정도이지만, 제주도 신당의 공간성에 대한 인식만큼은 그 어느 마을에 비할 바 아니다.

능향원의 전체 구조나 정비된 분위기를 보면 마을 주민들이 상당한 노력을 기울인 것을 짐작할 수 있다. 실제 이곳으로 당을 옮기고 정비하는 비용은 리민들이 제각기 갹출하고 또 금릉리 출신의 재일교포들이 후원한 것이라 한다. 당 위치를 옮기게 된 연유가 특별하다는 것은 비용 갹출내용으로도 짐작되지만, 특히 능향원 입구에 세워진 〈안내문〉이라는 표석에는 능향원을 마련하게 된 내력이 적혀 있다. 당신앙을 한갓 미신으로 쉽게 치부하는 세태 속에서, 마을 사람들의 정신적 지주로서 당신앙을 이해하며, 후손에까지 이어가기를 바라는 마음이 담백하게 녹아있는 글귀의 깊이가 만만치 않다. 안내문의 내용은 금릉리 주민인 임문길(70세: 2001년 현재) 씨가 초안을 잡고 제주대 국문학과 김영돈 교수가 감수를 했다고 한다. 그 내용을 그대로 옮긴다.

우리 마을 옛어르신네들은 평화와 사랑을 바라는 신앙을 가지고 살으셨다. 매년 음력 정월 이곳 제동산에서 엄선된 제관들로 하여금 鄭拘水물에 목욕재계하고 한밤중에 제를 올릴새, 풍작과 풍어는 물론 마을에 태안과 번영을 기원하기 칠일이더니, 세태에 밀려 간소화되고 십년전부터 里社祭를 고치어 마을제로 지내다가 오늘 능향원을 에둘러 두루 모우고 우리 마을 고운 풍속의 상징으로 삼고자 한다. 본향당에 손을 모두면 손자의 병이 나았고 小湟堂에 불을 밝히면 고깃배가 푸짐했다. 겸허와 근면으로 엮으신 세월, 모진 세파에도 굴하지 않고 꿋꿋이 살아온 마을 옛어르신네들의 의지의 표상 –. 비록 하잘것없는 形迹이나마 소담스레 지켜 옛이 기리는 미쁜 향속의 보람으로 삼으려 하거니와 자라는 후세들의 道場으로 마을의 화목과 평화의 祈依處로서 이곳을 마련한다. 본향당은 원래 신물동산에 있던 것인데, 천신제단 서쪽으로 옮겼고 소황당은 소황물에 있었은즉 천신제단 동쪽에 옮긴다. 올해부터 일년에 한 번 정월 보름날 오전에 온 마을이 여기 모여 마을 위해 애쓰신 옛이들의 명복을 빌고 고운 마을의 貴風을 되새기자는 합동제의 시발이 되매, 마을의 화합과 번영을 다지는 새출발의 뜻으로 이 능향원을 마련한다. 살기좋은 마을 아름다운 금릉에 우리 영원한 고향의 꿈을 심고 싶은저--.

2장

돌담과 바위가
만드는 성소

# 바위에 올라 바다와 만나는
# 줌녀(潛女)들의 마음

## 서귀포시 대포동 〈줌녀당〉

　　　　　　　　　　서귀포시 대포동 포구에 서면, 서쪽
바닷가 속칭 '자장코지'에 멀리서도 한눈에 띄는 독특한 바위가
보인다.

　어느 바위인들 독특하지 않으랴. 화산섬 제주도의 바위들이
야 그 어느 하나라도 기기묘묘한 형상이 아닌 것이 없다. 특히 해
안을 따라 즐비한 현무암들은 차마 바다로 뛰어들지 못해 우뚝
멈춰선 듯한, 더러는 금방이라도 파도가 되어 저 바다를 떠다닐
듯한 형상이어서, 보는 이로 하여금 탄성이 절로 나오게 한다. 사
람의 손으로는 도저히 빚을 수 없는 아름다움, 그래서 그냥 바위
라기보다는 춤추는 바위이거나 생각에 잠긴 바위처럼 보이고, 급
기야 그 바위들에서 영(靈)이 느껴지기도 한다.

　그런데도 한눈에 쏘옥 들어오는 그 바위는 자태도 웅장하거

그림 11 서귀포시 대포동 〈줌녀당〉.

니와 그 바위 꼭대기에 나무가 자라고 있어 더욱 묘한 느낌을 준다. 나무는 바닷가 드센 바람살에 부대끼어 비스듬히 바람에 날리는 형상을 하고 있다. 아예 바람 닮은 나무가 되어 있다. 이 독특한 바위는 그냥 바위가 아니다. '물질'하는 여성, 즉 좀녀들이 다니는 신당, 그래서 이름이 〈좀녀당〉이다.

흔히 "몸에 아무런 장치 없이 맨몸으로 잠수해 전복·소라·미역·우뭇가사리 등 해산물을 직업적으로 채취하는 여자"를 해녀라고 이르지만, 제주 사람들은 해녀보다는 좀녀(潛女) 혹은 잠수(潛嫂)라는 말을 더 많이 쓴다.

'좀녀'라는 용어가 공식적으로 사용된 최초의 사료는 1630년 즈음에 제주를 다녀간 이건(李健)이 남긴 『제주풍토기(濟州風土記)』이다. 여기에 좀녀는 "바다에 들어가서 미역을 캐는 여자"이면서 부수적으로 "생복을 잡아서 관아에 바치는 역을 담당하는 자"로 묘사되어 있다. 그런데 17세기 중반 이후, 진상역에 동원되는 남자의 수가 부족하여 여자들이 남자 포작을 대신하여 전복 진상역에 동원되어 심한 고역을 겪었다. 1702년 제주 목사 이형상의 「탐라장계초(耽羅狀啓抄)」에는 "섬 안의 풍속이 남자는 전복을 따지 않으므로 다만 잠녀에게 맡긴다."고 되어 있고, 그가 남긴 기록 『남환박물(南宦博物)』 「지속(誌俗)」에는 "관에 잠녀안이 작성되어 있는

---

**10)** 박찬식, 「제주해녀의 역사적 고찰」, 『제주해녀와 일본의 아마』, 민속원, 2005, 118-123쪽 참고.

데, 진상하는 미역·전복은 모두 잠녀에게 책임지운다."고 기록되어 있다.[10])

얼마나 고단했을까. 척박한 자연환경에서 생활하기도 버거운데, 진상과 공물의 이름으로 수탈을 일삼는 세상에서 목숨을 부지하기 위하여 목숨을 내걸고 바다밭에 뛰어들어야 했던 여인들. 더러는 목숨을 내건 그 바다밭에서 다시는 목숨을 건지지 못한 여인들도 있었을 것이다. 그래도 남은 여인들은 다시 바다를 자맥질하면서 목숨줄을 붙잡아 왔을 터이고.

조선시대가 끝난 후에도 줌녀들의 삶은 크게 달라지지 않았다. 일제시대에는 또 그만큼 수탈과 착취를 경험하면서 남성의 빈자리까지 감당해야 하는 삶이 이어졌기 때문이다.

고통이 사람을 강인하게 한다고 했던가. 바다밭을 일구던 줌녀, 제주의 어머니들은 삶의 고단한 풍파를 겪을수록 강인해질 수밖에 없었을 것이다.

하루하루 고단하고 위험한 일상일수록 마음은 더욱 의지처를 찾는 법. 〈줌녀당〉은 바로 그 줌녀들의 기원처인 셈이다. 지금도 대포동 해녀들은 기원해야 할 일이 있을 때 생기 맞는 날을 가려 〈줌녀당〉을 찾는다.

〈줌녀당〉이 언제부터 있었는지는 알 수 없다. 그저 그 명칭이 〈줌녀당〉이라는 데에서 꽤나 오랜 역사를 느낄 따름이다.

다가가 보면, 당이 자리한 바위를 중심으로 좌우 양편에 기기묘묘한 형상의 바위들이 병풍처럼 둘러쳐져 있다. 포구에서 멀찍이 돌아앉은 고즈넉한 장소, 게다가 오묘하다고밖에는 더할 말이 없는 자연의 풍광. 누구라도 이런 곳에 서면 영험한 힘에 빌고픈 마음이 절로 나겠다. 하물며 바다밭에 목숨줄을 맡겨놓고 사는 여인네라면, 더더욱 그러지 아니할까.

바위 아래에는 돌맹이를 쌓아 만든 제단이 있다. 이 제단에 해녀들은 가지고 온 제물을 올리고 기원을 한다. 그런데 기원은 여기서 끝나지 않는다. 제물로 가져온 백지와 광목, 즉 지전 물색을 걸기 위해 해녀들은 바위 꼭대기로 올라간다. 바다 쪽으로 바위를 감아 돌면, 바위 꼭대기로 오르는 길이 나선형으로 나 있고, 그 길의 끝은 드러누운 그 바람 같은 나무이다. 이 관목에 지전 물색을 거는 것이다. 그뿐 아니다. 제물로 가지고 온 보시메 세 그릇을 각각 한지에 싸서 주먹 크기의 '지(紙)'를 만들고, 위태롭게 바위 꼭대기에 발붙이고 서서 그것을 바다에 던진다. 요왕신을 위한 '요왕지', 자신의 몫인 '몸지', 그리고 바다에서 죽은 영혼에게 제물을 대접하는 '영혼지' 등이다. 이렇게 지를 바다에 던지는 것을 '지드림'이라고 한다.

편히 발 돌려 서기에도 마땅찮은 그곳에 올라, 줌녀들은, 우리네 어머니들은 이렇듯 바다에서 먼저 죽어간 이들을 위해 제물을 올리는 것이다. 시퍼런 바다를 목숨줄로 삼아 살아가는 이들이 그 바다에서 삶을 마감하는 그 비통함, 그렇게 떠나보낸 이들의 영(靈)을 기억하는 산 자들의 애통함, 종이에 한 움큼 싼 밥으로 이어지는 죽은 자와 산 자의 애절한 교감, 이렇게 우리네 어머니들은 그 바위 위에 서서 삶과 죽음의 경계를 넘나들며, 삶도 죽음도 모두 끌어안은 가없는 바다를 만나는 것이다.

왜 굳이 위태로운 바위 꼭대기까지 올라가느냐는 물음을 할 필요가 있을까? 한 발 한 발 조심스레 내디디며 바위를 한 바퀴 돌아 오르는 행위 그 자체가 신에 대한 정성 아니었을까? 위태롭게 바위 꼭대기에 발붙이고 서서, 한 뼘이라도 더 높은 곳에서 물 고운 바다를 향해 '지드림'을 해야 기원하는 마음이 고스란히 바다에 전해진다고 생각하지 않았을까?

해녀들의 노랫말 하나 적어본다.


물로야 삥삥 돌아진 섬에
삼시 굶엉 요물질ᄒ영
한푼두푼 모여논 금정
부랑자 술잔에 다 들어간다


이여싸나 이여싸나
혼벡상지 등에다지곡
가심앞의 두렁박차곡
혼손에 빗창을 줴곡
혼손에 호미를 줴곡
혼질두질 수지픈 물속
허위적허위적 들어간다


버쳤구나 버쳤구나 엿날말로
순다리에 봄우쳤져

보리떡에 숨이찻져
불쌍하고 가련흔 요예ᄌ덜 시간ᄀ린 요영업이여
아이고도 생각ᄒ민 설울러라 불쌍ᄒ다

요물속은 지픔예픔 알건마는
요집살이 임의 속몰라 절색가낭 다녹인다
우리님은 어딜가고 아니나 오는고
공동산천 가신님은 흔번가난
또다시 돌아올 줄 모르더라[11]

---

**11)**  좌혜경, 「해녀노래에 나타난 노동기능과 정서」, 『제주해녀와 일본의 아마』, 민속원, 157-158쪽.

# 미륵돌의
# 영험

**구좌읍 김녕리 〈서문하르방당〉**
**제주시 화북동 〈윤동지영감당〉**

　　　　　　　바위는 시간을 어떻게 만나는가?
바위에도 시간은 있는가?

　아주 오래전에 가졌던 이 생각이 이십여 년을 훌쩍 건너뛰어
또렷하게 떠오른 것은 구좌읍 김녕리 〈서문하르방당〉에서였다.

　이십 대 어느 날, 한창 여름날 뙤약볕이 내리쬐던 날, 경주 인
근 산내면 단석산에서, 정확하게는 김유신이 자신의 무술을 시험
하기 위해 칼로 내려쳤다는 그 바위[斷石]에서 문득 '시간은 어떻
게 흐르는가?'라는 물음이 떠올랐다. 산을 떠돌면서 무수히 많은
바위를 스쳐 지났을 때는 하지 않았던 생각이 왜 하필 그 바위 앞
에서 떠올랐는지는 모른다. 아마도 막연하게 지니고 있던 '천 년
신라'에 대한 동경 때문이었는지 모른다.

　단석 앞에 서서, 천 년 전 바로 이 자리에서 단석을 바라보던

김유신과 나는 같은 시간에 서 있다는 느낌, 천 년의 시간 간격이 일시에 소거되어 하나의 시간으로 존재하는 강렬한 느낌이 있었다. 나중에 이런 느낌을 붙잡고 시간을 사유하기도 했는데, 돌이켜보면, 그건 참, 설익은 생각이었다. 대강은 이런 것이었다.

'시간은 흐른다.'라는 우리의 통념은 변화를 경험하는 데에 근거한다. 그렇다면 변화를 경험할 수 없을 때 시간은 멈추었다고 해야 할 것인가? 만약 그렇다면 시간에는 멈춘 시간과 흐르는 시간의 이중구조가 있는 것인가? 혹은 정지된 시간의 경험과 흐르는 시간의 경험이 있는 것인가? 또, 만약 그렇다면 시간의 흐름을 타고 있는 우리 인간이 끊임없이 희구해 온 것은 '흐름이 없는 시간'이 아니겠는가? 등등.

여하튼 하나의 바위에 신라 그리고 김유신이라는 구체적인 의미가 입혀지면서, 그 바위는 더 이상 한갓 바위가 아니었다. 그 의미를 만나는 것은 천 년을 건너뛰는, 천 년 전의 시간에 합일되는 경험이었다.

그리고 다시 서문하르방으로 불리는 바위 앞에 서서, 꼭 같은 생각을 한 것이다. 저 바위의 시간은 어떤 것인가?

그것은 그냥 바위이거나 돌이 아니었다. 누구라도, 비스듬히 기대앉은 듯한 모습, 푸근하고 넉넉한 웃음을 머금은 듯 만 듯한 얼굴, 그 앞에 서면, 스스로 무한히 작아져 그 품에다 등에 진 시름 한 보따리 내려놓고 싶어지지 않을 수가 없을 터이다.

언제 적인지, 넉넉한 품새의 바위를 이 자리에 놓아둔 그때로부터 숱한 사람들이 이곳을 다녀갔을 것이다. 저마다 시름을 이

그림 12 구좌읍 김녕리 〈서문하르방당〉 돌담 안으로 신석이 보인다.

곳에 풀어놓았을 것이고. 그렇게 시름을 풀어놓게 한 힘은 서문
하르방이 변하지 않는 시간으로 앉아 있기 때문이다.

그렇다. 바위의 시간은 흐르지 않는 시간이고 변하지 않는 시
간이다. 아니면 바위는 아예 시간을 뛰어넘었다고 사람들은 생각
했는지도 모른다. 그러지 않고서야 바위에다 '의미의 옷'을 입혔
을 리가 있으랴. 그러지 않고서야 이 땅 곳곳에 신비롭고 거룩한
존재로 섬겨지는, 신의 이름으로 불리는 그 숱한 바위를 설명할
도리가 있으랴.

〈서문하르방당〉은 그 단아한 외형과는 달리, 불리는 이름은
제각각이다. 〈남당하르방당〉으로도 불리는데, 당신을 일컫는 이

름은 자료에 따라 여럿이다. 서문하르방, 남당하르방, 윤씨하르방, 미륵보살할망하르방, 은진미륵, 서문할망하르방, 개하르방할망, 천왕불도, 지왕불도, 인왕불도, 여래신계칠십산보살 등이 그것이다. 짐작건대 이 당에 얽힌 얘기에서, 또 이 당에서 비념하면서 신을 부르는 이름이 덧붙여지지 않았는가 싶다.

전해오는 얘기[12]는 이렇다.

> 옛날 이 마을 윤씨 영감은 바다에 고기를 낚으러 갔다. 낚싯줄을 드리울 때마다 고기는 물리지 않고 낚시에 걸린 돌멩이만 올라왔다. 그 돌멩이를 배에 싣고 집으로 뱃길을 돌렸다. 포구에 이르러 그 돌멩이를 던져 버렸다. 그날부터 집안의 애들이 시름시름 앓았다. 문점(問占)하였더니, 돌멩이를 모셔야 집안이 편안하겠다고 하였다. 그 돌멩이를 주워다가 지금의 장소에 모셨다. 차차 마을 사람들은 물론 자식이 없어 고민하는 이웃 마을 아낙네들까지도 찾아와 빌면 자식을 얻었다.

전해오는 얘기 속의 '돌멩이'는, 언제부터인가 미륵의 이름을 달기 시작했다. 미륵돌, 돌미륵, 바다에서 건져올린 미륵. 뿐만 아니라 당에도 〈미륵당〉이라는 이름이 따라붙었다. 돌멩이를 미륵으로 불렀다면, 〈미륵당〉이라고 해서 말이 안 될 리는 없다. 그런

---

12)    제주도, 『제주도전설지(濟州道傳說誌)』, 1986, 200쪽.

데 아무래도 〈서문하르방당〉의 돌멩이를 미륵으로, 또 〈미륵당〉으로 이름 붙인 이는 주강현인가 싶다. 그의 저서 『마을로 간 미륵』[13]에서, 그는 '미륵신앙의 민중적 포용성'을 짚으면서 제주도에서 민간신앙의 대상이 되고 있는 바위를 미륵으로 부르고, 특히 〈서문하르방당〉의 내력을 짚는 대목에서 〈미륵당〉이라는 용어를 쓰고 있다. 〈서문하르방당〉을 언급하는 몇몇 연구자들이 돌미륵, 〈미륵당〉이라는 용어를 버젓이 쓰기 시작한 것은 주강현의 책이 나온 한참 뒤부터이니, 주강현은 제주도에 깃대를 참 잘 꽂았다.

하기야 누가 미륵이라 부르기 시작했다 한들 어떠랴. 이 땅의 마을 곳곳과 사찰 곳곳에 온갖 모양의 바위가 변하지 않는 시간으로 서 있는 것을, 제각각인 바위들이 모두 미륵으로 불리는 것을. 미륵이 이 세상을 건져 내 용화세계를 건설할 미래불이라는데, 또 미륵부처님을 끊임없이 염불 공양하며, 자리이타 육바라밀 수행을 하면 미륵보살님의 인도로 도솔천에 왕생하여 무상복락을 누리게 된다는데, 제주도의 모든 돌하르방을 미륵으로 부른들 어떠리.

그런데 〈서문하르방당〉과는 달리 일찍부터 '미륵 돌부처'로 불리던 돌멩이도 있다. 바로 제주시 화북동 〈윤동지영감당〉의 석상미륵이다.

---

13)  주강현, 『마을로 간 미륵』, 대원정사, 1985, 32-33쪽.

〈윤동지영감당〉[14]은 그 내력담도 걸쭉하다. 본풀이는 이렇다.

옛날 화북 마을에 살던 윤씨하르방이 바다에 갈치 낚으러 갔는데, 갈치는 물지 않고 석상미륵 돌부처가 올라왔다. 윤씨하르방이 석상미륵 돌부처를 바닷물에 던져 넣으면, 다시 올라오곤 했다. 석상미륵 돌부처가 세 번째로 올라오자, 윤씨하르방은 그 석상미륵을 뱃머리에 놓고는, "내게 태운 조상이면, 배 가득히 고기를 낚게 하여 주십시오." 빌었다. 그때부터 갈치가 계속 잡혀 올라와 배를 가득 채웠다.

윤씨하르방은 포구로 돌아와 석상미륵을 금돈지[15]에 내려놓았다. 그 후에 이 포구에 다니는 배들은 석상미륵에 닻줄을 매었다. 테우배, 낚싯배, 발동선까지 온갖 배들이 모두 석상미륵에 닻줄을 매니까, 석상미륵 허리가 점점 죄어 갔다. 그때쯤 윤씨하르방 몸에 부스럼이 나고 점점 몸이 아파졌다. 윤씨하르방은 의원과 약방을 이리저리 다 다녀도 병이 낫지 않아, 문점(問占)을 하니, 석상미륵을 낮에는 볕 이슬 맞게 하고 밤에는 찬 이슬 맞게 하면서 박대한 벌이라고 했다.

---

14)  〈윤동지영감당〉은 화북1동 삼사석비 동쪽에서 북으로 난 길을 따라 50여 미터 왼쪽 낡은 건물 옆 숲 속에 있다. 자연석으로 단단한 돌담이 둘러진 정방형의 깔끔한 제장이다. 서쪽 방향으로 제단이 마련되어 있고, 그 가운데 자연석을 잘 다듬어 당우를 만들고 그 안에 미륵돌을 모셨다.

15)  화북 포구의 이름.

그림 13 도로에서 바라본 〈서문하르방당〉.

그제야 윤씨하르방은 자신의 잘못을 깨닫고, 금돈지 포구에 있던 석상미륵 돌부처를 동네 안으로 옮겨 모셨다. 그랬더니 윤씨하르방의 병도 낫고 동지(同知) 벼슬도 하고 부자가 되었다.

그런데 어느 날 마을 청년들은 미신이라면서 석상미륵 돌부처에 불을 질렀는데, 석상미륵이 스스로 움직여 걸어 나왔다. 윤씨하르방은 그 석상미륵을 동부락 밖 밭 옆쪽에 모셔, 울타리를 두르고 당을 설립하였다. 그때 석상 미륵에 불 지른 청년들은 모두 물에 빠져 죽었다.(하략)[16]

---

16)  진성기, 『무가』, 336-338쪽.

본풀이로 미루어보면, 〈윤동지영감당〉은 윤씨하르방이 당을 설립한 데서 나온 이름인데, 그저 '윤씨하르방당'이라고 하지 않고 그의 직함인 '동지(同知)'를 앞세워 당을 설립한 윤씨하르방의 위상을 높이고 있다.

그런데 갈치 낚는 어부에 불과한 윤씨하르방이 갑자기 웬 '동지' 벼슬을 했을까? 동지라면 경연, 예문관, 춘추관, 의정부, 삼군부 등에 딸린 종 2품에 해당하는 벼슬 이름 아닌가?

두 가지 추측이 가능하다. 조선조 말기, 재정책의 일환으로 곡식이나 돈을 받고 벼슬을 판매하던 시절, 즉 전 국민의 양반화가 진행되던 그 시절, 고기잡이가 잘되고 돈깨나 생기면서 윤씨하르방이 벼슬을 샀을 수가 있다. 사실 17세기부터 시작된 산관직 판매는 19세기에 이르면 집집마다 한 벼슬씩은 꿰차게 되는데, 이 먼 곳 제주도에서도 웬만한 집에서는 벼슬자리를 사는 것이 유행이었던 성싶다. 지금도 대개의 집안 족보마다 증조 혹은 고조만 더듬으면 종 2품 동지(同知)나, 정 3품 통정대부(通政大夫)라는 직함이 적혀 있으니 말이다. 물론 실직(實職)이 아니라 이름만 있는 허직(虛職)임은 말할 나위가 없다. 다른 한편 동지 벼슬이 흔해지면서, 후대에는 '동지'라는 말을 벼슬 없는 노인에 대한 존칭으로 썼다고 하는데, 그에 따라 윤씨하르방도 자연스레 윤동지로 불렸을 수 있겠다.

어느 쪽 경우였든지 간에 '윤동지'라는 호칭으로 미루어 볼 때, 윤씨하르방은 19세기, 아니면 좀 범위를 넓게 잡아서 조선조 후기에 생존했던 인물이었을 것이다. 더욱이 윤씨 집안에서 지금

**그림 14** 〈윤동지영감당〉의 미륵.

까지도 이 당의 미륵석상을 '조상님'으로 모시고 있으니, 〈윤동지영감당〉의 내력담은 실화로 보아야 하지 않을까?

사실 당에 얽힌 내력담이 실화인지 아닌지는 크게 중요한 것이 아니다. 언제나 당신의 영험함은 존재성을 뛰어넘는 것이기 때문이다. 그럼에도 불구하고 '사건의 사실성'은 당신의 영험함에 대한 증거가 된다. 〈윤동지영감당〉 본풀이에 나오는 내용, 즉 "석상미륵이 걸어 나왔다", "석상미륵에 불 지른 청년들은 모두 물에 빠져 죽었다."는 내용은 석상미륵 돌부처의 영험을 증거하는 사건이다. 이 사건으로부터 오늘날 〈윤동지영감당〉 미륵석상 부처님의 리얼리티는 더욱 살아난다.

〈윤동지영감당〉의 미륵석상은 백지로 감싸져 있다. 마치 온갖 배들이 석상미륵에 닻줄을 맬 때 생긴 잔등의 상처와 불에 태워지면서 그을린 것을 달래려는 것처럼 보인다. 본풀이에까지 백지로 미륵석상을 감싸는 것은 당에 가서 빌고자 하는 사람들이 마땅히 해야 하는 행위로 아예 못박고 있다. "이 당에 가는 사람은 창호지 두 장을 가져가, 한 장은 석상미륵 돌부처에 씌우고 또 한 장은 가느랗게 접어 허리띠로 맨다."는 것이다.

이 얼마나 감정이입적 리얼리티인가! 상처를 어루만지면서 교통(交通)하는 것, 이것은 관계 맺음의 중요한 원리이다. 상처는 '상처의 사실'을 시인하는 것으로부터 회복된다. 신앙민들이 백지로 미륵석상을 감싸는 것은 미륵석상의 상처를 '사실'로 받아들이는 것이고, 그로부터 영험한 미륵님과 교통하게 되는 것이다.

윤씨하르방으로부터 시작되어 윤씨 집안에서 모시던 〈윤동지영감당〉은 이제 여러 성씨의 만민자손들이 찾아가는 당이 되었다. 1967년에 당을 다시 손질하면서 갹출한 이들의 이름이 돌담 한 귀퉁이에 새겨져 있다. 글귀를 새기기 위해 시멘트를 대충 바르고, 문안이 드러나게 사각형의 테를 그린 후, '서기 1967년 3월 11'은 가로로, '과리자[17] 문관후 신촌 김옥순 삼양 문대부'는 세로로, 다시 '일금 1000 500'은 가로로 한 귀퉁이에 적어놓았다. 투박한 글새김에서 오히려 시름겨운 삶과 간절한 염원 그리고 미륵을 향한 진득한 믿음이 읽힌다. 미륵을 만나고자 하는 사람의 심정이 바로 이렇지 않을까.

---

17)  '관리자'의 오기(誤記)인 듯하다.

# 바람코지[18]의 아름다운 돌담은
# 신의 집

## 구좌읍 세화리 〈갯곳할망당〉

제각기 다른, 거무튀튀한 돌이 숭숭 바람구멍을 내며 얼기설기 쌓아진 돌담만큼 제주의 풍광을 도드라지게 하는 게 또 있을까? 집을 둘러싸고 있으면 울담[집담]이 되고, 산소를 둘러싸고 있으면 산담이 된다. 밭을 둘러싸고 있으면 밭담이 되고, 바다밭을 만들면 원담[19]이 된다. 서로 다른 크기와 모양의 돌들이 적당히 기대어 만들어내는 조형성, 그것은 자연성이 만들어내는 편안함이고 넉넉함이다. 그러기에 제주의 돌담은

---

18)  '코지'는 바다 쪽으로 뾰족 나온 땅을 일컫는 제주어이다. ᄇᆞ름코지는 바다 쪽으로 나와 있어 바람이 세게 부는 장소라는 뜻이다.

19)  얕은 바닷가에 돌담을 길게 쌓아, 밀물 때 들어온 고기가 썰물 때 빠져나가지 못하게 한 원시적인 어로시설을 '원' 혹은 원담이라 한다.

어디에 있더라도 제주의 정겨움이고 제주의 얼굴이다.

제주의 해안선을 따라 돌면, 바닷가 여기저기서 소담스러운 돌담을 만난다. 더러는 해안을 따라 길게 이어 선 돌담으로, 더러는 포구의 제방으로, 용천수가 솟아나는 물통의 담으로 만나는 돌담들.

여기에 또 하나. 바닷가 고즈넉한 장소, 바람이라도 부는 날이면 바람을 온몸으로 맞아야 하는 그런 장소에 바람을 감아 안듯 사뿐히 둘러싼 돌담이 있다. 당이다.

제주 땅 곳곳에 있는 신당, 어느 곳인들 특별한 느낌이 없을까마는, 그래도 바닷가에서 이런 당을 만나는 느낌은 또 다르다. 잔잔한 물결 일렁이듯 삶의 갈피갈피 애환이 녹아들고, 하늘과 맞닿은 가없는 바다, 그 맑은 빛 따라 마음은 끝 간 데 없이 흐른다. 어느 날, 하늘을 가로지르며 바람이 내달려와도 만민자손 돌보아 주시는 신의 집에 들어서면 더도 없이 편안하다. 둥그스름한 돌담이 바람길을 거스르지 않아, 바람코지에 있어도 당은 늘 안온하다.

구좌읍만 해도 이런 당을 여럿 만날 수 있다. 김녕리 〈서문하르방당〉, 월정리 〈배롱개해신당〉, 한동리 〈개당〉, 평대리 〈해신당〉, 세화리 〈갯곳할망당〉, 하도리 〈각시당〉, 모두 아름다운 돌담으로 신의 집을 마련한 곳이다. 김녕리 〈서문하르방당〉[20]을

---

20)　이 당에 관한 내용은 2장 2절에서 보다 자세히 다룬다.

**그림 15** 바위 위 돌담이 세화리 〈갯ᄀᆞᆺ할망당〉이다. 썰물 때라 모래밭이 드러나 있다.

제외하면, 모두 바닷일을 하는 사람들이 다니는 당이다.

이 중에서도 세화리 〈갯ᄀᆞᆺ할망당〉은 특별하다. 그 당이 있는 위치도 그렇고, 당에 얽힌 사연도 그렇다.

'갯ᄀᆞᆺ'은 밀물 때는 바다에 잠기고 썰물 때는 드러나는 곳을 이르는 제주어이다. 〈갯ᄀᆞᆺ할망당〉은 갯ᄀᆞᆺ에 있는 조금 높은 바위 위에 있다. 당연히 밀물 때에는 바닷물이 당을 에워싸고 있어서 당에 들어갈 수 없고, 썰물 때만 발을 적시지 않고 모래밭을 디디며 당에 갈 수 있다. 바닷물이 빠지고 나면 사람들이 조개 줍느라 모래밭에 옹기종기 웅크린 모습을 볼 수 있는데, 그 한가로운 모습이 마치 당신의 보살핌 아래에 있는 양, 편안하다.

그런데 왜 당을 바닷물이 넘나드는 갯곳에다 세웠을까? 여기에는 사연이 있다.

원래 이 당은 세화리 통항동 오일시장 자리에 있었다. 당 한쪽에는 선앙(선왕)을 모시고, 또 한쪽에는 돈지할망을 모셨는데, 사람들은 흔히 〈돈지당〉이라 불렀다. 선앙당에는 배 가진 사람들이 많이들 다녔다. 주로 멜코사[21]를 많이 했다. 그 시절에는 세화 바다에서 멜(멸치)을 많이 건져 올렸다고 한다. 돈지할망을 모신 〈돈지당〉에는 바다에 다니는 사람도 다녔지만, 바다에 다니지 않아도 아이들을 위해 다니는 사람도 많았다. 그런데 1990년대 세화 포구 공유지 매립사업이 시행됨에 따라 〈돈지당〉이 폐당되었다.

세화리 매인심방 오인숙(2007년 현재 82세)은 폐당되는 것을 그냥 바라보고만 있을 수 없었다. 해녀들과 아이들을 돌보아주는 돈지할망을 잘 모시지 않으면 바다에서 사고 나지 않을까 염려되었기 때문이다. 자맥질에 능한 해녀들이라도 잠시 실수하면 사고가 나는 법, 실제로 2~3년마다 해녀들의 사고가 있기도 했다. 이런 판인데 〈돈지당〉마저 없애면 더 큰 일이 아닌가. 오인숙 심방은 당을 옮길 만한 장소를 찾아 바닷가를 몇 날 며칠 돌아다녔다. 해안도로에 당을 설립하자니, 멋모르는 사람들이 지나다니면서 당을 함부로 할 것이 걱정스럽고, 바닷가에 설립하자니 할망신이 물에 젖을까 염려스럽고. 이리저리 애를 쓰다가, 현재의 자리로

---

**21)**    멸치잡이가 잘되도록 기원하는 고사(告祀).

**그림 16** 구좌읍 세화리 〈갯곳할망당〉 근경.

옮겨 왔다.[22] 해안도로로부터 멀리 떨어져 당이 훼손될 걱정도 없고, 바위 위라 할망신이 물에 젖을 염려도 없었다.

그런데 놀랍게도 갯곳에 당을 설립한 이후로는 매년 거듭되던 사고, 즉 바다에서 물놀이를 하다가 어린아이가 죽는 사고가 없어졌다. 참으로 묘한 일이다.

당을 옮겨오고 난 후에는 〈돈지당〉이라는 이름도 잊혀지고 〈갯곳할망당〉으로 불린다. 밀물 때가 되면 〈할망당〉은 바다 한가운데 동그마니 떠 있다. 마치 갯곳 높은 바위에 할망이 앉아 자손들을 돌보아주는 형상이다. 어쩌면 이것이 오인숙 심방이 그렸던 그림이 아닐까. 할망신이 언제나 바위 위 높다란 곳에서 훤하게 바다밭을 내려다보는 그림 말이다.

〈갯곳할망당〉의 궤에는 늘 지전 물색이 가득하다. 비록 투박하게 만들어진 궤일망정, 거기에 신앙민의 정성이 끊이지 않으니, 그래서 할망신의 집은 더욱 소담하다. 할망신의 집이기에, 시멘트를 덕지덕지 바른 현무암 돌담이 오히려 윤택하게 느껴진다. 이는 돌담이 만들어내는 성소, 그 상징적 의미 때문이 아닐까?

---

22)  오인숙 심방은 〈갯곳할망당〉 외에도 세화리 〈본향당〉을 〈일뤠당〉 곁으로 옮겼다. 사실 당터를 쉽게 마련할 수 있는 것도 아니어서 당을 이리저리 옮기기는 쉽지 않다. 그런데 오인숙 심방은 옮겨가야 할 곳의 땅임자에게 찾아가 자신의 꿈에 이 자리가 당으로 앉아야 한다는 선몽을 받았다고 하면서 땅을 조금 떼내어 주기를 부탁했다고 한다. 물론 땅임자는 선뜻 당 터를 내어주었다. 한 뼘의 땅도 돈으로만 계산하는 시대에 당 터로서 쓰일 땅을 내어준다는 것은 귀한 일이다. 이는 본향신에 대한 신심이 살아 있음이다.

# 3장

뱀,
그 신성한 상징

# 바닷물에 떠밀려 온
# 상자 속의 뱀신

## 한경면 고산리 〈당목잇당〉

한경면 고산1리의 차귀도는 꽤 이름이 알려진 관광지이다. 차귀도는 섬 주위가 모두 깎아지른 절벽이며, 그 절벽 위로 퍼져 오르는 풀빛 그리고 주변의 지실이섬, 와도와 어우러져 한 폭의 그림 같은 풍광을 만들어내고 있다. 세 섬은 가없는 바다 위에 제각각의 형상으로 고즈넉이 내려앉은 듯, 화려하지 않으면서도 단아한 맛이 있다.

그래서인가, 차귀도가 바로 마주 보이는 자구내 포구에는 민박집과 식당이 들어차고, 관광객을 대상으로 하는 노점상들이 즐비하다. 더러는 배를 타고 차귀도 유람을 하라고 호객하는 사람들도 보인다. 그만큼 이곳은 관광객이 즐겨 찾는 장소이다.

그런데 아름다운 풍광에 비해 차귀도라는 섬 이름은 그 어감이 좀 드세다. 아무래도 이름이 섬의 형상과는 별로 어울리지 않는 느낌이다. 언젠가 육지에서 찾아온 친구와 이곳을 찾았을 때, 그가 물었다. 차귀도가 무슨 뜻이지?

가장 널리 알려진 것은 호종단(혹은 고종달) 얘기이다. 중국에서는 제주도에 유능한 인재가 출현하지 못하도록 지혈을 보는 호종단을 보냈다. 호종단은 제주도 여러 곳의 혈맥을 끊으며 돌아다니다가 서귀포에 있는 지장샘 수호신의 꾀에 속아 술서를 찢어버리고 중국으로 돌아가기 위해 배를 타고 차귀도 근처에 이르렀다. 그때 한라산 신령이 매로 변하여 돌풍을 일으켜 호종단이 탄 배를 침몰시켰다는 것이다. 말하자면 호종단이 중국으로 돌아가는 것을 막았다고 하여 차귀도(遮歸島)라 이른다는 것이다.

그러나 사료를 더듬어보면, 조선조 효종 이원진 제주목사 때는 차귀진이라 하였다고 하고 『동국여지승람』에는 "차귀(遮歸)라는 글자는 사귀(蛇鬼)의 오전(誤傳)"이라고 하면서 "이 지방(제주도)에 뱀과 지네가 많으며, 만약 회색뱀을 보게 되면, 즉시 차귀신으로 간주하여 죽이는 것을 금한다."라고 적혀 있다.

'차귀'라는 말의 유래에 관한 이 두 이야기는 너무 판이하다. 하나는 제주 땅은 인재가 많이 나는 곳이라는 의미를 함축하면서 이 특별한 땅의 기운을 훼손했던 외지인(중국인)이 한라산 신령의 영험함에 의해 복수를 당했다는 이야기인데, 은근히 제주인의 자긍심을 드높이는 내용이다.

이에 비해 차귀를 뱀 귀신[蛇鬼]으로 해석하여 뱀을 차귀신으로 모신다는 다른 하나의 이야기는 한국 땅에서는 독특하고 낯선 내용이다. 인도네시아권에서는 뱀 신앙이 일반적이기도 하고 집집마다 뱀을 모시기도 한다는데, 아무래도 뒤늦게 서구 문명의 세례를 받은 우리로서는 뱀에 대한 부정적인 이미지 혹은 원시적인 이미지 때문인지 뱀을 신으로 모신다는 것이 도무지 자랑거리가 되지 못하는 듯하다. 분명히 조선조 문헌에 적혀 있는 내용인데도 불구하고 고산1리 마을 소개 그 어디에도 뱀신[사귀]에 대한 언급이 없다. 도대체 어느 이야기가 더 그럴듯한가?

그런데 이능화 선생은 『조선무속고』에서 "봄과 가을에 〈광양당〉과 〈차귀당〉에 남녀가 모여 주육을 갖추어 신에게 제사했다."[23]는 점을 지적하면서 〈차귀당〉이 조선조에서는 국당이었던 〈광양당〉과 견줄 만큼 위력이 있었던 곳임을 명시하고 있다. 한편 진성기 선생은 『제주도무속논고』에서 『민속예술사전』의 '차귀본향놀이'를 재인용하여, 인구 2,699명밖에 없었던 1920년대에 있어서도 '입춘굿놀이'와 '본향굿놀이'로 온 마을 사람들이 운집하여 풍년을 구가하는 잔치를 하였는데, 이 놀이에는 용과 거북과 목동의 탈을 만들어 가무로 즐겼던 사실을 적고 있다. 이러한 사료로 미루어보면 고산리 본향당이 〈차귀당〉으로 일컬어졌던 것만은 확실하다. 그나저나 차귀본향놀이에 용과 거북과 목동의 탈이라니, 무슨 연유인가? 그것은 아무래도 차귀당 본풀이에서 풀어볼 수밖에. 여러 심방이 읊은 차귀당 본풀이는 약간씩 차이는 있지만, 모티프는 동일하다. 간략히 정리하면 다음과 같다.

---

23)    이능화, 이재곤 옮김, 『조선무속고』, 동문선, 2002, 295쪽.

옛날 법성이라는 목동이 마소를 먹이다가 해풍을 쐬러 바닷가에 내려갔다가 무쇠 상자가 떠 있는 것을 보았다. 궁금하여 건져 올려 열어보았더니, 그 속에 황구렁이가 소복이 들어있었다. 법성은 이 황구렁이가 자기에게 인연으로 온 조상님으로 받아들여, 당오름 중턱 병풍바위 지경에 모셔 제를 올리니, 〈차귀당〉이 설립된 것이다. 그리하여 〈차귀당〉의 당신으로 좌정한 뱀은 법사용궁또 혹은 사해용궁또 법수용궁 하르방으로 불리게 된다.

결국 바다에서 떠 온 뱀이라 용궁 혹은 용왕으로 받아들이고, 뱀이 들어있던 무쇠 상자는 거북으로 변용하면서, 〈차귀당〉의 굿놀이의 세 주인공은 용, 거북, 목동이 된 것 아니겠는가?

여하튼 지금에야 고산리 마을 소개에서 뱀 이야기가 삭제되었다고는 하나, 〈차귀당〉의 위세가 막강하였고, 그 막강한 힘이 뱀신의 위력에서 유래되었다는 점을 부정하기는 힘들다.

본풀이에서도 뱀신의 위력에 대한 대목은 한결같다. 옛날부터 사람들이 이 당이 있는 길목을 지나가려고 하면 머리를 조아려 절을 해야 하고 말을 탄 사람은 말에서 내려야 했다고 한다. 그렇지 않으면 말이 발을 절게 된다는 것이다. 심지어는 담뱃대를 입에 문 채로 지나가다가는 이를 앓게 된다고도 한다. 이렇듯 영험 있는 당신인지라, 신앙민들이 명심하여 제를 올리기만 하면, 일본이나 세계 각국을 가도 잘 돌봐줄뿐더러, 예전에 제주도에 호열자가 만연할 때도 고산리 마을은 영험한 당신 덕분에 호열자에 전염된 사람이 없었다고 한다.[24] 『제주도』라는 책을 출간한 바 있는 일본의 문화인류학자 이즈미 세이이치(泉靖一)는 이 차귀당이 김녕사굴과 더불어 제주도 뱀신앙의 선조 격임을 밝히고 있다.

그런데 위세가 센 당일수록 세태의 바람을 더 받는 법이다. 1702년 이형상 목사가 전도의 신당을 파괴했을 당시는 말할 나위 없을 터이고, 일제 강점기와 4·3사건 당시에도 〈차귀당〉은 파괴와 복구를 반복했다.

고산리 여무 김병효 님(진성기 선생이 본풀이를 채록할 당시가 76세이니, 지금은 아마도 돌아가셨을 것이다.)이 전하는 바에 의하면, 해방 후 4·3사건 때, 마을 청년회가 조직되고 이완노가 회장이 되었는데, 이완노는 당신을 모시는 것을 미신이라 하여, 당을 부수고 신목인 팽나무도 베어버렸다. 그런 일이 있은 연후에 이완노는 동티나서 앓다가 죽고, 마을에서는 하는 일마다 제대로 되는 것이 없었다고 한다.[25] 이렇게 동티의 경험을 한 후 당은 곧 복구되었지만, 다시 새마을운동의 일환으로 당이 또 파괴되었으니[26], 〈차귀당〉은 그 이름값으로 톡톡히 고난을 치른 셈이다.

사람살이 일이 매끈하게 풀리거나 풀리지 않음에 민감하기는 여인네만 한 사람이 없다고 했던가. 드디어 마을 부녀회의 여인네들은 대소사 일마다 잘 풀리려면 본향 조상님을 잘 위할 도리

---

24)　진성기, 『무가』, 553쪽.
25)　진성기, 앞의 책, 553-554쪽.
26)　『제주고산향토지』, 한경면 고산리, 2000, 963쪽.

**그림 17** 한경면 고산리 본향당 〈당목잇당(차귀당)〉. 뒤에 보이는 산이 당오름[당산봉]이다.

그림 18 〈당목잇당〉을 새로 단장하면서 세운 표석.

밖에 없다고 합의하고, 훼손되었던 당을 잘 손보고 곱게 단장하였다고 하는데, 짐작건대 새마을운동 이후의 복구일 것이다.

여러 차례 파괴되고 보수되면서, 그 이름도 〈당목잇당〉으로 바꿔 부르게 되었다. '당목잇'이란 당 가까이 있는 동네라는 뜻이다. 이로 미루어보면 원래 당오름 중턱에 있던 〈차귀당〉이 당오름 동쪽 기슭인 당목잇으로 내려와 자리 잡게 되면서 〈당목잇당〉으로 불리지 않았나 짐작된다.

현재 〈당목잇당〉은 차귀도 입구, 즉 서회선 일주도로에서 자구내 포구로 꺾어 드는 바로 그 지점 산비탈에 있다. 시멘트로 마감한 두세 평 남짓한 당집은 얼핏 보기에 창고 같기도 하여, 그 옛날의 〈차귀당〉의 위세는 도무지 짐작하기 어려울 정도이다. 그저 당집만으로 〈차귀당〉의 명맥이 겨우 유지되고 있는 게 아닌가 싶다.

그러나 1993년에 당집을 새로 단장하면서 세운 표석의 내용을 보면, 〈차귀당〉 시절의 위세는 없다고 할지라도 본향당을 섬겨왔던 그 뜻은 아직도 마을 사람의 마음에 살아 있는 듯하다. 현재 〈당목잇당〉 옆에는 표석이 2개 세워져 있는데, 본향당에 관한 것과 부지를 희사한 사람의 공덕비이다. 표석의 내용을 그대로 옮겨본다.

그림 19 〈차귀당의 옛 터전〉 표석.

우리 조상님은 마을의 지주였던 차귀본향당(당목잇당)을 고려 때부터 마을의 수호신 격인 토주관으로 모시고 리민의 병액과 마을의 재앙을 막고 초자연적인 당신의 힘에 의하여 생활의 어려운 점을 슬기롭게 풀어왔던 곳으로 뜻있는 우리들이 정성을 모아 새로이 단장하고 그 조상의 얼이 자손만대에 이어지도록 하기 위하여 이 비를 세웁니다.
– 서기 1993년 4월

조상님의 마음의 지주였던 차귀본향당(당목잇당)은 리민의 병액과 마을의 재앙을 막고 가정의 평안을 기원하였던 본향당을 확장 단장하는데 부지를 희사하여 주신 본리 출신 좌신생의 애향심과 애당심에 고마운 뜻을 영원히 기리고자 공덕비를 세웁니다.
– 서기 1993년 4월 좌신생 공덕비

'조상의 얼이 자손만대에 이어지도록 하기 위하여'라는 구절이나 '애당심'이라는 단어에서 이미 그 위세가 꺾여 버린 본향당에 대한 애틋한 감정이 그대로 묻어난다. 하지만 이 표석마저 잡풀에 덮여 눈에 잘 띄지도 않는다.

2004년에야 현재 〈당목잇당〉 입구, 도로변에서 잘 보이는 위치에 '차귀당의 옛 터전'이라는 표석이 세워졌다. 표석에는 이곳이 옛적부터 뱀 귀신을 모셔 제사하던 곳이라는 내용과 〈차귀당〉의 특별한 위상에 대한 글이 적혀 있다.

이제는 당굿도 없고, 그저 개인적으로 비념하러 다니는 곳에 불과한 〈당목잇당〉, 게다가 지금은 그 당의 당신이 뱀신이라는 기억도 거의 소실된 듯하다. 신앙민에게조차 당신의 정체가 잊혀진 채 할망, 하르방으로 불리는 'ᄉ해용신 법서용궁또'를 보면서 우리는 과연 무엇을 생각할 것인가? 뱀 신앙을 미신으로 치부하면서, 무속신앙의 쇠락함을 근대화의 징표로 생각해야 할 것인가?

뱀 신앙이 말 그대로 미신이라면, 그리스신화에서 뱀이 죽음과 공포의 상징으로, 때로는 신과 인간을 중재하는 예언자의 상징으로, 재생과 순환의 상징으로 무수히 등장하는 것은 무엇인가? 불교에서는 역질이나 기근에 시달리는 중생을 낫게 하려고 '나가'(뱀)라는 부처는 뱀으로 몸을 바꾸고 세상에 나온다. 서양 중세의 교부 테르툴리아누스는 그리스도를 '선한 뱀'이라고 부르면서 뱀을 '생명의 나무'로 상징한다. 자이나교에서는 시간의 순환을 상징하는 뱀이 몸으로 우주를 한 바퀴 휘감고는 제 꼬리를 입으로 물고 있다고 믿는다. 힌두교의 비슈누 상 가운데 가장 잘 알려진 것의 하나는 또아리를 틀고 있는 우주 뱀 위에 누워서 잠이 든 모습이다.[27] 여기서 뱀은 생명의 바다, 우주 바다를 상징한다. 이렇듯 뱀은 동서양을 막론하고 의미 있는 상징으로 등장한다. 이런 현상들을 어떻게 설명할 것인가? 제주도의 뱀 신앙을 미신

---

[27]  조지프 캠벨, 『원시신화』, 267쪽 참고.

이라 치부한다면, 뱀에 상징적 의미를 부여하는 모든 신화 및 종교현상 역시 미신으로 치부할 것인가? 글쎄다.

지금도 유럽에서는 뱀을 그려 넣은 약국 간판을 어렵잖게 볼 수 있는데, 분명 그 그림은 재생 혹은 생명을 상징하는 것이리라. 현대에서도 신화적 상징을 의미 있게 되살리고 있는 그들의 문화 앞에서, 제주역사를 관통해 온 뱀 신앙을 너무 쉽게 부정적 이미지로 재단하며 지워버리고자 하는 우리의 세태가 문득 부끄럽다.

뱀을 풍요의 신으로 관념하면서 집 안에 뱀이 들어와도 그 뱀을 함부로 처리하는 것이 아니라 쌀을 손에 쥐어 뿌리면서 '팡돌 알레레 기여들어븝서, 아이들 놀랍네다.(댓돌 아래로 기어드십시오. 아이들 놀랍니다.)'라고 권유하던 우리네 할머니들의 삶이 우리보다 의미 없었을까? 오늘날 우리의 일상이 그리고 우리의 마음이 이리 척박하고 가난한 것은 하잘것없는 미물조차도 우주적 상징으로 승화하면서 자연과 인간을 일체화하던 신화적 사유를 상실했기 때문이 아닌지 한번 생각해 볼 일이다.

# 한과 설움이
# 가득한 마을

## 표선면 토산2리 〈알토산한집〉

1980년대 초, 육지 출신으로서 제
주도로 이주한 필자가 낯선 제주문화에 한창 호기심을 발동하고
있을 즈음, 토산리의 뱀 신앙 애기를 듣게 되었다. "토산 여자들
은 뱀을 신앙하는데, 어딜 가도 뱀이 따라다닌다. 심지어는 외출
할 때면 핸드백 안에 들어가서 따라간다. 이래서 제주도 남자들
은 토산 여자와 결혼하는 것을 꺼린다."

내용은 뭐, 대충 이랬는데, 나로서는 별로 대수롭지 않게 들었
다. 한편에서는 뱀 신앙이 원시 신앙의 한 형태로서 세계적으로
발견되는 현상이어서, 제주도에 뱀 신앙이 있다는 것 자체가 특
이하게 생각되지 않았다. 또 육지부에서 살던 어린 시절, 집 안에
나타난 뱀을 업이라고 손대지 말라시던 할머니에 대한 기억도 생
생했으니, 토산의 뱀 신앙 애기는 크게 신기할 일은 아니었다. 다

른 한편에서는 뱀이 토산 여자를 따라다닌다는 애기는 도무지 황당한 애기라서, 할 일 없는 사람이 지어낸 애기이겠거니 귓등으로 들어 넘겼다.

그러다가 제주문화, 제주의 사회심리 등에 관심을 가지면서 결국은 제주도 신당을 냅다 돌아다니기 시작하였는데, 뱀 신앙은 토산에만 있는 것이 아니었다. 가정신앙과 마을신앙에서 뱀신을 모시는 경우는 제주도 전역에서 볼 수 있었다. 우선 전통적으로 제주도에서는 집안의 재물을 지켜주는 부신(富神)이며 곡신(穀神)인 뱀신을 칠성신28)이라 하여 고팡29)과 집 뒤껼에 모셔왔다30).

---

28) 제주도의 칠성신은 육지부의 칠성신과는 의미가 다른데, 육지부의 칠성신은 일반적으로 수복(壽福)의 신인 북두칠원성군인 데 비해, 제주도 가내에서 모시는 칠성신은 뱀신이다.

29) 고팡은 곡식을 저장하는 공간인데, 육지부의 곳간이 가옥의 외부공간에 마련되는 것과는 달리 제주도의 고팡은 큰방(큰구들: 안방) 뒤쪽에 배치된다. 집 안에 고팡이 마련되는 것은 그만큼 제주도에서 곡식이 차지하는 비중을 반영한다고 볼 수 있는데, 이 고팡은 정지와 함께 전형적인 여성의 관리공간이다.

30) 고팡에 모시는 신을 안칠성(안할망), 뒤껼에 모시는 신을 밧칠성(뒷할망)이라 한다. 밧칠성은 칠성눌이라는 좌정처를 만들어 모신다. 칠성눌은 대개 암키와와 수키와를 맞붙여 굴과 같은 구멍을 만들고 그 속에 풍요를 기원하며 쌀, 조, 보리, 콩, 팥 등 오곡의 씨앗을 넣고, 그 위에 짚으로 만든 주저리를 씌운다. 안칠성에 대해서는 명절이나 제사 때 주부가 간단한 제물을 고팡의 쌀독 뚜껑 위에 차린다. 밧칠성에 대해서는 '철갈이'를 행한다. 철갈이란 칠성눌 안의 오곡을 다시 새 곡식으로 갈고 주저리를 새것으로 갈아 덮는 것이다.

지금은 거의 사라지긴 했지만, 심방들에 의하면 20~30년 전에는 안칠성과 밧칠성을 모신 집안이 상당히 많았다고 하며, 90년대 말에도 밧칠성을 모신 집을 필자가 확인하기도 했다. 한편 마을 신앙의 경우, 앞 절에서 본 한경면 고산리 〈당목잇당〉을 비롯하여 덕수리에 있었던 〈광정당〉, 구좌읍 김녕리 〈궤내깃당〉 그리고 〈여드렛당〉의 이름으로 서귀포시를 중심으로 표선면, 성산읍, 안덕면 등지에 분포되어 있는 당들이 모두 뱀신을 당신으로 모신 곳들이다.

그리하여 2003년에 출간된 『제주도민간신앙의 구조와 변용』에서 필자는 "당신 혹은 집안신으로 사신(蛇神)을 숭배하는 사신신앙이 거의 전도에 확산되어 있는 것은 제주도만의 독특한 신앙형태"라고 기술하였다.[31] 그런데 이런 입장은 이미 아키바(秋葉隆), 이즈미 세이이치(泉靖一)[32] 그리고 진성기와 김태능이 밝힌 바 있다. 진성기는 사신숭배가 제주 주민들의 생활에 깊이 뿌리내려 있음을 논구하였고[33], 김태능은 "옛적 제주에 있었던 음사들은 거의 대망(大蟒: 큰 구렁이)을 숭신으로 한 신당이었다."고 적

---

[31]　『제주도민간신앙의 구조와 변용』, 99쪽.

[32]　아키바(秋葉隆)는 「濟州道の蛇鬼」(『朝鮮民俗誌』, 名著出版社, 1951)에서, 이즈미 세이이치는 1966년도에 발간한 『제주도』(홍성목 역, 제주시우당도서관, 1999)라는 책에서 뱀신앙이 제주도의 독특한 신앙임을 밝히고 있다. 더욱이 이즈미 세이이치는 제주도 신당의 신통을 사귀적 신령과 비사귀적 신령으로 이분할 정도로 사귀신앙의 비중을 높게 파악한다.

[33]　『濟州道巫俗論考』(제주민속연구소), 1966.

고 있다.**34)** 그러나 이들과 달리 제주도를 '사귀문화권'으로 규정하는 것이 타당하지 못하다고 주장한 학자도 있다. 특히 문무병은 사신 계열의 당이 많지 않음을 들어 아키바의 견해를 편견에 의한 확대해석으로 본다. 수치적으로 접근한다면 문무병의 입장도 일견 타당하다. 하지만 뱀 신앙이 얼마나 전도적으로 분포되어 있는가라는 입장에서 본다면 전자의 입장 역시 타당하다.

뿐만 아니라 조선조 문헌에서도 제주도 뱀 신앙에 관한 내용들이 확인된다. 16세기 초 제주에 유배 왔던 충암 김정은『제주풍토록』에서 "풍속에 몹시 뱀을 꺼려 이를 신으로 받들고 보이기만 하면 주문을 외우고 술을 주며 감히 쫓아내거나 죽이지를 않는다."고 하고, 1530년에 간행된『신증동국여지승람』에는 "이 지방에는 뱀과 지네가 많은데, 혹시 회색뱀을 보면 차귀의 신인가 하여 금하여 죽이지 않는다."**35)**, 또 16세기 말 제주에 어사로 파견되었던 김상헌도『남사록』에서 "…뱀신 숭배 풍습이 성행한다."고 적고 있다. 이 외에도 이건(李健)의『제주풍토기』, 김석익의『탐라기년』에도 뱀 신앙에 관계된 일화**36)**가 소개되어 있다. 따라서 문헌의 기록으로 보나, 또 제주인의 기억 및 생활풍속으로 보나, 제주도에 뱀 신앙이 성행했고, 또 지금도 지속되고 있다는 것을 부인하기는 어렵다.

---

**34)**   김태능, 「제주 토속과 영천 이목사의 치적」,『제주도』30, 제주도청, 1967, 129쪽.

**35)**   『신증동국여지승람』卷 三八.

이런 사정을 감안하면 유난히 토산리 뱀 신앙을 문제 삼는 것은 이치에 맞는 일은 아니다. 물론 서귀포와 옛 남제주군 지역을 중심으로 곳곳에 분포되어 있는 〈여드렛당〉37)은 표선면 토산리의 〈여드렛당〉이 기원이라고 말해진다. 그러나 여러 지역의 그 많은 〈여드렛당〉이 토산 여성들의 결혼과 더불어 생겨난 가짓당으로 보기 어렵고, 설사 그렇다고 하더라도 여타 마을에도 뱀 신앙이 지속되고 있는데 유난히 토산리 뱀 신앙만 사람들의 입에 오르내리는 것은 더욱 납득하기 어려운 일이었다.

그러나 토산리에 관한 애기들은 좀체 사그러들지 않았고, 그 와중에서 토산리 사람들은 토산리 여성에 관한 근거 없는 소문의 피해자가 되어 있었다. 마을의 그러한 분위기를 미처 깨닫지 못했던 필자는 제주도 전역의 신당을 조사하는 중에 토산리에서 벽

---

36) 이형상 목사와 관계된 일화를 『탐라기년』에 적힌 대로 소개하면 다음과 같다. "대정 산방산 길가에 음사 광정당이 있어, 여기를 지날 때 하마하지 않으면 말이 다리를 절곤 하였다. 이 형상이 순행하여 여기에 이르렀는데 이속이 하마하도록 여쭈었으나 듣지 아니하였는데 과연 말이 발을 절었다. 형상이 손수 그 땅에 이르러 무당으로 하여금 말을 죽여 제사를 지내며 뱀이 나타나기를 바랐는데 요사스런 이무기가 나타나서 사명기간(司命旗竿)을 독아로 물었다. 이 형상은 이 이무기를 베어 죽이고 그 당을 불살라 버렸으니 이때부터 음사는 없어진 것이다."

37) 여드렛당은 제일이 매 8일(8일, 18일, 28일)인 데서 붙여진 이름이다. 따라서 당신의 명칭도 여드레또, 여드레한집 혹은 여드레할망이라 한다. 여드렛당은 여타의 당들이 그 명칭에서 신의 직능이 드러나는 것처럼 뚜렷하게 직능을 구분하기는 모호하다. 그러나 여드렛당을 다니는 신앙민들은 육아·치병을 비롯하여 가정의 안녕까지 당신에게 기원한다.

에 부딪혔다. 만나는 이마다 손사래를 칠 따름이었다. 1990년대
에는 아직도 미신 타파 운동의 모진 경험이 남아있던 터라, 여러
마을에서 더러더러 경계심을 보이는 사람들을 만나기는 했지만,
조사의 취지를 설명하면 쉽게 경계심을 풀었다. 그러나 토산리에
서는 도무지 통하지 않았다. 토산리 사람들이 얼마나 마음의 상
처를 크게 입었는지, 그리고 얼마나 외부를 향해 마음의 문을 닫
았는지를 필자가 제대로 깨달은 것은 한참 뒤의 일이었다.

오성자가 쓴 『신화의 땅 제주에서 토산을 만나다』. 이 책을 읽
다가 가슴이 써늘해졌다. 책에는 뱀이라는 말에, 뱀신이라는 말
에 치를 떨 정도로 한과 설움이 가득하다는 토산리 어르신의 편
지글이 실려 있었다. 오래전에 필자가 귓등으로 흘려들었던 얘
기, 토산 여자는 뱀신 때문에 시집가기 힘들다는 그 근거 없는 얘
기들이 딸 가진 토산리 부모들은 물론이고 토산리 사람 모두에게
지울 수 없는 상처가 되고 있었던 것이다. 그 어르신의 글은 "사
신은 지금도 전에도 있을 수 없는 것이고… 모자란 사람이 아니
고서는 긍정할 수 없다."[38]로 끝맺고 있다.

2005년 4월에 처음으로 제주도내 신당 5곳 즉 조천읍 와흘리
〈본향당〉, 구좌읍 송당리 〈본향당〉, 성산읍 수산리 〈본향당〉, 제
주시 회천동 〈새미하로산당〉, 제주시 월평동 〈다라쿳당〉이 제주
도 문화재(민속자료)로 지정되었는데, 사실 문화재 지정 예고를 했
을 때는 토산리 〈본향당〉까지 포함해서 6곳이었다. 막상 문화재

---

38)    오성자, 『신화의 땅 제주에서 토산을 만나다』, 여름언덕, 2006, 50쪽.

지정에서 토산리 〈본향당〉이 빠진 것은 다른 이유도 있었을 테지만, 아무래도 집단적으로 마음의 상처를 가지고 있던 토산리 사람들이 문화재 지정을 원하지 않았을 것이라 짐작된다. 상단 골인 그 어르신의 글처럼 뱀신 자체를 인정하고자 하지 않는데, 그 당이 문화재로 지정되어서 세간에 오르내리는 것을 반길 리 있을까.

그런데 본풀이에 따르면 토산리 〈여드렛당〉 혹은 〈알토산한집〉의 당신은 나주 금성산에 살던 뱀신이었다. 그 이야기를 간단하게 짚고 넘어가자.


옛날 나주 금성산에 살고 있던 뱀신은 조화를 부려 나주에 부임해 오는 목사를 죽이곤 하였다. 부임하는 목사마다 백일을 채우지 못하고 죽으니, 나주에 목사로 오려고 하는 자가 없었다. 이때 걸추리 선비가 목사를 자원하고 나서서 나주로 부임하였다. 그는 부임 후 금성산에서 큰 굿을 하면서 뱀신인 토주관을 불러내어서는 세 토막으로 잘라 불태워버렸다.

불에 탄 뱀신은 금바둑과 옥바둑으로 변신하여 서울에 가서 떨어졌다. 마침 토산리에 사는 강씨, 한씨, 오씨 등이 임금님께 진상하러 서울에 갔다가 종로 네거리에서 금바둑 옥바둑을 줍게 되었다. 강씨 일행은 궁궐에 들어가 진상품을 바치게 되었는데, 이상스럽게도 팔도의 진상품을 다 물리치면서 제주도에서 올라온 진상품은 무조건 좋다고 받아들이고 게다가 전례 없이 푸짐한 하사품을 받게 되었다.

강씨 일행은 금바둑 옥바둑을 주웠던 자리에 다시 놓아둔 채 제주도로 돌아오려고 했으나, 석달 열흘이 지나도록 바람 한 점 불지 않아 배를 띄울 도리가 없었다. 강씨 일행은 문점(聞占)을 하고 고사를 치르고야 순풍에 배를 띄웠는데, 제주 바다에 거의 이르렀을 때 짐을 풀어보니 거기에 금바둑 옥바둑이 들어있었다. 강씨 일행은 깜짝 놀라 이것이 귀신이 분명하다고 생각하여 바다에 던지려 했으나 홀연히 강풍이 불어 뜻대로 하지 못하였다. 겨우 성산읍 온평리 황노알에 배를 대고서야 고단하여 잠시 잠이 들었는데, 월궁선녀가 배에서 내리며 "모래 사오시간(巳午時間)에 상봉하자"고 말을 하였다.

금바둑 옥바둑으로 변신했던 뱀신은 이제 월궁선녀로 환생하여 토산리 메뚜기ᄆᆞ루에 좌정하여 토산의 본향신이 되었다.[39]

이러한 내력담이 오랜 시간 동안 구송되어 내려왔음에도 토산리 그 어르신이 부인하고자 하는 것은 토산리 사람으로서 겪었던 상처 때문일 것이다. 하지만 되짚어보면 뱀은 상징일 뿐이다.

다시 물어보자. 뱀 신앙이 이상한 것인가? 신앙의 대상으로서 특별한 동물이 선택된 것은 여러 사례가 있다. 단군신화의 곰 토템과 범 토템, 『삼국유사』의 부여 금와왕 이야기에 나오는 개구리 토템, 혁거세 신화의 백마 토템, 탈해 신화의 작(鵲) 토템, 김알지 신화의 닭 토템 등이 그것이다. 그렇다면 뱀 토템이 이상할 것은

---

39) 진성기, 『무가』 472-481쪽 참고.

전혀 없지 않은가? 어떤 동물이 토템이 되었든 간에 모든 토템 사상은 현실을 뛰어넘은 근원적 세계, 즉 생명의 근원에 대한 희구를 반영한다. 따라서 토테미즘에서 선택된 특별한 동물들은 지속적인 생명, 생명력의 갱신, 활력소, 생명의 근원을 상징하는 것이다. 그런 점에서 신앙물로서 뱀은 신성한 상징이다.

사실 뱀은 세계 보편적으로 신화의 주제였다. 조지프 캠벨의 연구에 의하면 뱀의 몸속에 있는 불로써 인간이 익힌 음식을 먹게 되었다는 전설은 아프리카에서 시작하여 동남아시아와 인도네시아를 거쳐 멜라네시아에 이르는 모든 지역에서 발견될 수 있는 경작인 세계의 전설이라는 것이다.[40) 파푸아족(뉴 브리튼의 바이닝인)의 전설에도 뱀의 생명성에 관한 애기가 있다. 옛날에 태양이 모든 존재를 부른 다음 영원히 살고 싶은 자는 말하라고 하였다. 그때 인간은 그 소환에 불응하였고, 돌과 뱀은 응하여 영원히 살 수 있게 되었다. 파푸아족들은 그때 인간이 태양의 명령에 복종하였더라면, 인간은 뱀처럼 주기적으로 허물을 벗고 영생할 수 있었을 것이라고 말한다.[41) 이렇듯 뱀이 영생 혹은 생명을 상징하는 것일진대 여성과 연관되지 않을 수 없다. 여성은 생명의 생산자 혹은 "외적 세계로부터 이 세상 속으로 생명이 흘러들어오는 주술적 출입구"[42)이기 때문이다. 그래서 전 세계 문화권에서

---

40) 조지프 캠벨, 『신의 가면 I - 원시신화』, 까치, 2003, 435-436쪽 참고.
41) 조지프 캠벨, 앞의 책, 439쪽 참고.
42) 조지프 캠벨, 앞의 책, 440쪽.

그림 20 표선면 토산1리 〈웃토산한집〉.

뱀은 여신의 신격을 가지며, 제주도 역시 '할망'으로 부른다.

　토테미즘과 신화를 엮어 전체적으로 보면 뱀은 구체적으로는 농경문화와 연관되어 있고, 추상적으로는 생명의 생명성, 즉 영생과 연관되어 있다. 뿐만 아니라 뱀이 많은 알 또는 새끼를 낳는다는 점에서 풍요와 다산을 상징한다. 그렇다면 뱀 신앙이 제주의 토착 토테미즘이라고 한들, 그것이 제주인의 정체성을 훼손할 이유는 추호도 없다.

　그럼에도 불구하고 토산리의 한과 설움은 분명 그들의 정체성이 훼손되는 데에서 비롯된 듯싶다. 그것은 인류가 얼마나 오랫동안 뱀을 신성한 상징으로 삼아왔는지를 모르는 사람들이 저지른 심리적 폭행이었다. 그 결과 토산리 사람들이 오랫동안 마음의 의지처로 삼았던 〈여드렛당〉은 이제는 숨기고 싶은 장소가 되고 말았다. 본풀이에 따르면 나주 금성산 애기씨인 여드레당신이 메뚜기므루에 좌정했다고 하나, 그것은 아주 오래전의 얘기일 뿐이다. 현재 토산1리 메뚜기므루에 있는 〈웃토산한집〉에는 일뤠당신이 좌정해 있다. 〈여드렛당〉은 토산2리 리사무소 뒤편 당동산에서 바닷가로 옮겨졌는데, 최근에 다시 보다 눈에 띄지 않는 장소로 옮겨졌다. 사람들의 눈을 피해 옮겨지는 〈여드렛당〉을 보면서, 이제쯤은 차분히 뱀 혹은 뱀 신앙에 대한 보편적인 거부감을 만들어 낸 진원지가 어딘지 생각해 보는 것은 어떤가.

# 목숨과 곡식을 건져주는
# 사신(蛇神) 할망

### 제주시 내도동 〈두리빌렛당〉
### 조천읍 조천리 〈새콧당〉

앞 절에서 다룬 표선면 토산리 〈여
드렛당〉 당신은 나주 금성산에서 바다를 건너온 신이다. 그런데
이 외에도 바다를 건너온 뱀신이 또 있다. 바로 제주시 내도동의
〈두리빌렛당〉 당신인 '용녀부인할마님' 그리고 조천읍 조천리
〈새콧당〉의 '고망할망'이다. 우선 이 두 당신의 내력담을 보자.

〈두리빌렛당〉 당신의 내력담은 이형상 목사[43]와 관련되어
있다.

---

43)  이형상은 조선조 숙종 28년(1702)에 제주목사로 부임하여 많은 선정을 펼
    쳤다고 전해진다. 1703년 유배온 자를 옹호하였다가 파직되어, 경북 영천
    의 호연정에서 기거하면서 수많은 저술을 남겼다. 제주도에서는 그가 유교
    적 질서를 확립하기 위해 제주도내 신당과 사찰을 파괴한 사실이 오랫동안
    회자되어 왔는데, 이에 대한 자세한 내용은 이 책의 10장 3절에서 다룬다.

(상략) … 이형상 목사(이후 이목사라고 칭함)가 잠을 자는데 꿈에 백발 노장이 나타나 "당장 영천 고을로 돌아가지 않으면 귀신이 들어 죽습니다."라고 했다. 이목사는 배를 잘 타는 박영감과 김영감을 불러 부리나케 제주도를 떠났다. 배를 타고 가는데 무지개가 바짝 배 뒤를 쫓아왔으나, 워낙 배를 잘 모는 영감들이라 무사히 영천 고을에 당도하였다. 신령이 이목사를 죽이지 못하니, 고향에 있는 이목사의 아들을 죽어버렸다.

이목사는 박영감과 김영감에게 무엇으로 공을 갚을지를 물었다. 두 영감은 제주의 굶는 백성들에게 나누어줄 곡식을 주기를 청하

**그림 21** 제주시 내도동 〈두리빌렛당〉. 사진에 보이는 바닷가 큰 반석을 당으로 관념한다.

였다. 이목사는 두 영감에게 동지(同知) 벼슬을 내려주고 곡식도 한 배 가득 실어주었다.

두 영감이 다시 바다를 건너 제주도로 돌아오는데, 갑자기 배에 구멍이 나서 배가 가라앉기 시작했다. 두 영감은 옥황(玉皇)에 축수하기를, "우린 아무 죄도 없습니다. 우리는 곡식을 실어다가 환상(還上) 빚으로 굶는 백성에게 나누어주려고 실어옵니다. 살려주십시오."라고 했다. 그러자 깃대 꼭지로부터 큰 구렁이가 내려와 구멍난 자리를 메꾸어 무사히 제주도로 귀향하였다.

김동지 부인이 얼른 배로 나아가 "내게 태운 조상이면 나의 치마로 기어드십시오." 하니, 구렁이가 치마로 기어들었다. 김동지 부인은 그 구렁이를 집으로 가 모셨다가, 나중에 바닷가 두리빌레로 모셨다.[44)]

그런데 이 본풀이 내용을 보면 이목사는 중요한 인물이 아니다. 이는 다만 이목사처럼 신당을 파괴하거나 또 신당을 파괴한 이목사를 도와주거나 하면, 신령의 벌을 받는다는 교훈적인 내용을 전달하기 위한 소재일 뿐이다. 이 본풀이에서 보다 중요한 신화소는 두 영감이 목숨을 잃을 위기에서 큰 구렁이가 나타나 두 영감의 목숨과 굶는 백성을 위한 곡식을 구해주었다는 것이다. 앞 절에서 언급한 바, 그야말로 구렁이 혹은 뱀은 생명의 신이고

---

44)    진성기, 『무가』, 349-351쪽.

재물의 신임을 이 본풀이는 여지없이 풀어 보인다.

내도동에서는 이 신을 용녀부인 혹은 용녀부인할마님이라고
도 하고 용해부인할마님이라고도 부른다. 뱀신인데, 왜 용녀부
인이라고 하는가? 아마도 용을 수신(水神)으로 관념하는 것과 연
관해서 바다를 건너온 뱀을 용녀부인이라고 일컫게 되지 않았나
싶다.

김동지 부인의 치마폭에 기어들어 김동지 영감의 일가수호신
이었던 용녀부인은 나중에 내도동 바닷가 두리빌레에 좌정함으
로써 어부와 잠수들을 돌보는 마을신이 되었다. 그런데 특이하게
도 이 신은 좌정처를 계절별로 옮겨 다닌다. 음력 2월 1일에는 바
닷가 두리빌레로 내려가 좌정하고, 음력 11월 1일에는 〈당밧할
망당〉에 좌정한다. 〈당밧할망당〉은 〈두리빌렛당〉이 있는 위치
에서 한 블록 위의 밭 귀퉁이에 자그마한 제단이 마련되어 있는
곳이다. 이 신은 어업수호신이어서 매월 초하루와 보름에 자손들
로부터 상을 받아 왔다.

한편 조천읍 조천리 〈새콧당〉에 관한 본풀이는 안씨 집안에
서 전해 내려오는 조상본풀이 '나주 기민창 조상(羅州濟民倉祖上)본'
에 자세한 내력이 담겨 있다. 그 내용을 간략히 요약한다.

옛날 조천면 조천리에 안씨 선주(船主)가 살았다. 그는 아주 부
자여서 배를 많이 가지고 있었는데, 가난한 사람들이 바다 일이라
도 해서 먹고살 수 있도록 구좌읍 포구마다 배를 아홉 척씩 매어
놓았다.

그림 22 제주시 외도동 〈당밧할망당〉.

어느 해 7년 가뭄에 9년 흉년이 들어 제주 백성들이 다 죽게 되었을 때, 제주 목사는 안씨를 불러 제주 백성을 살려 볼 궁리를 부탁하였다. 안씨는 어려운 백성에게 빌려줬던 배를 모두 모으고, 자신의 돈 창고를 열어 배 가득하게 돈을 실어, 곡식을 구하러 떠났다.

조선 팔도를 다녀도 제주 백성을 살릴 곡식을 구하지 못하다가 마지막으로 나주 고을에 들어서서야 나주 기민창고에 삼 년 묵은 곡식이 있음을 알게 되었다. 안씨는 재치를 내어 나주 백성 남녀노소의 힘을 빌려, 배에 실린 돈을 내리고 기민창고에 있던 곡식을 배에 꽉 차게 실었다.

안씨가 뱃전에서 나주 백성들의 전송을 받다 보니 곱게 차린 처녀 애기씨가 배에 오르고 있었다. 안씨는 이상하다고 생각하면서도 물때가 늦어질까 배를 띄웠다. 제주도로 오는 바닷길에서 홀연히 돌풍이 일고 물결이 높게 치더니, 갑자기 배 밑창이 터져 배에 물이 들어차면서 귀중한 곡식이 물에 잠길 처지가 되었다. 안씨는 눈물을 흘리며 하늘에 빌었다.

"이 곡식이 들어가야 제주 백성 살립니다. 하늘님아, 어서 고이 제주 땅으로 인도하여 주십시오."

그러자 가라앉던 배가 물결 위로 다시 떠올랐다. 웬일인가 둘러보니, 큰 구렁이가 제 몸을 빙빙 감아 터진 배 밑창을 막고 있었다. 안씨는 부랴부랴 배를 저어 조천 포구 '새콧알'에 당도하여서는, 상을 차려 들고 배 밑창을 막고 있는 큰 구렁이 앞에 앉아 빌었다.

"조상님아, 조상님아, 제게 내린 조상님이시면 어서 집으로 가시

옵소서.”

미동도 하지 않던 큰 구렁이는 초이경(初二更)에야 배에서 내렸는데, 안씨 선주 집으로부터 이 집 저 집을 돌아다니기만 하였다. 안씨가 지쳐 잠시 든 잠에 묘한 꿈을 꾸었다.

“선주들아, 나는 나주 기민창 동서남북 창고 안을 지키던 곡식의 조상이다. 그런데 기민창고가 비어가니, 나 갈 길이 없어져 곡식을 따라 배에 올랐다. 선주들이 사는 울타리 안을 들여다보아도 내 몸 감출 데가 없어서, 내가 갈 데로 갈 터이니, 삼명일(三名日) 기일제사 일 년 한 번 철갈이로 나에게 상을 바쳐다오. 나는 조천포구 ‘새콧알’에 좌정하여 가는 배 오는 배 삼천 잠수 일만 어부를 내 차지로 할 것이다.”[45]

그렇게 새콧알에 좌정한 조상님을 조천면에서는 ‘고망[구멍]할망’이라 부르고 항구에 드나드는 어선과 해녀를 관장하는 신으로 관념한다. 그리하여 해녀들은 제일에 맞춰서 “죽는 일 없도록 해 주십시오.”라고 빌며, 배가 출항할 때는 “무사히 다녀오게 하여 주십시오.”라고 빌고, 입항하면 “무사히 갔다 왔습니다.”라고 뱃고사를 지냈다고 한다. 고망할망이 좌정한 곳을 〈새콧당〉이라 하는데 〈새콧당〉은 우리가 신당의 구조에 대해 막연히 가지고 있는 관념과는 전혀 다른 형태의 당이다. 물론 과거에는 다른 형

---

45)   현용준, 『제주무속자료사전』, 786-797쪽.

그림 23 조천읍 조천리 〈새콧당〉.

태웠을 수도 있지만, 지금은 주택 담벼락에 붙여 시멘트로 발라 그 위에 구멍 두 개를 낸 것만으로 신의 좌정처라고 관념하고 있다. 미리 알고 있지 않다면, 그곳을 지나쳐도 도무지 당이라고 인식하기 어려운 형태이다.

그런데 〈두리빌렛당〉과 〈새콧당〉의 본풀이는 상당히 유사하다. 무엇보다도 바다 한가운데에서 사람의 목숨과 곡식을 잃을 위기에 큰 구렁이의 도움으로 살아난다는 점은 똑같다. 게다가 두 신은 험난한 바닷길을 무사히 건너게 해주는 영험이 있어서, 어부와 해녀를 보호하는 신으로 관념하는 것도 같다. 이는 앞 절에서도 언급한 바, 뱀을 생명신으로 관념하는 것과 맥락이 닿아 있다.

게다가 '나주기민창조상본풀이'에는 뱀신이 곡식을 따라 애기씨로 변신하여 배에 오르고, 선주의 꿈에 나타나 스스로 자신이 곡식을 지키는 신이라고 말한다. 이야기 흐름으로는 도무지 있을 것 같지 않은 황당한 내용이라고 생각될 수 있다. 그러나 곰곰이 들여다보면 여기에 굉장히 합리적인 지식이 개입되어 있다. 보라. 곡식 창고에서 최대의 적은 무엇인가? 곡식을 축내는 쥐일 것이다. 뱀이 곡식 창고에서 또아리를 틀고 앉아 쥐를 퇴치한다는 것은 이치에 맞는 일 아닌가? 그래서 나카자와 신이치는 "이야기의 표면에서는 매우 환상적인 일들이 연이어서 전개되고 있는 듯이 보일 뿐이지만, 그 이면에서는 동물이나 식물의 구체적인 생태에 대한 지식을 이용한 논리적인 사고가 작동하고 있는 것이 바로 신화"46)라고 하면서 신화를 인류 최고의 철학이라고 한다.

이쯤 되면 사신(蛇神)을 곡신(穀神)으로 또 부신(富神)으로 관념하는 것은 인간이 삶의 현실을 극복하기 위해 궁리해 낸 하나의 지혜임을 부인할 길이 없다.

덧붙여 또 다른 생각 한 토막. 〈두리빌렛당〉의 당신인 용녀부인은 하늘에서 내려온 뱀신이다. 〈새콧당〉의 당신인 고망할망은 나주 땅에서 바다를 건너온 뱀신이다. 이 두 이야기에서 뱀 혹은 구렁이는 하늘과 인간의 세상, 뭍과 바다, 바다와 배라는 서로 다른 세계를 넘나드는 존재로 상징되고 있다.

넘나든다, 건너간다는 것은 그 어떤 의미로든지 초월이다. 그리고 인간적 삶의 현실에서 가장 절박하게 요구되는 것 역시 초월이다. 삶의 현실은 서로 다른 세계들이 얽혀 있는 것이고, 그래서 사람이 산다는 것은 서로 다른 세계들을 잘 넘나드는 것, 자신이 발붙이고 있는 세계를 잘 초월하는 것이기 때문이다. 사람이 태어나고 성장하며, 살고 사랑하는 것 모두가 서로 다른 세계의 경계를 넘어가는 것이다. 그러기에 서로 다른 세계를 미끈하게 넘나들 수 있는 존재는 사람에게 신이 될 수밖에 없는 것 아니겠는가.

그래서 던지는 한마디. 뱀, 그 신성한 상징의 의미를 다시 생각하자!

---

46)  나카자와 신이치, 『신화, 인류 최고의 철학』, 73쪽.

4장

사랑의
변주곡

# 영원한 삼각관계의
# 딜레마

## 서귀포시 〈서귀본향당〉, 〈서홍본향당〉, 〈동홍본향당〉

'사랑은 눈물의 씨앗'. 70년대 유행한 대중가요 제목이다. 세상에서 가장 강력하고 아름다운 힘인 사랑이 왜 눈물의 씨앗이 되는가? 간단히 말해서 사랑은 흘러가기 때문이다. 남녀간의 사랑은 모성애적 사랑과는 본질적으로 다른 것이어서 늘 무언가를 향하여, 갖지 못한 것을 향하여 움직인다. 그래서 사랑은 마주보는 두 사람 외에 제3자를 필요로 하는 것이고, 제3자가 사랑을 이끌어가는 동력이 되기도 하는 것이다. 그런 점에서 보면 사랑은 원초적으로 삼각관계를 배태하고 있는지도 모르겠다.

제주도 신당 중에 '사랑은 눈물의 씨앗'임은 말할 나위가 없고, 사랑의 삼각관계 때문에 지역의 경계가 정해지고 지역감정이 형성되어 온 사연이 있다. 서귀포 서귀동·서홍동·동홍동의 〈본향당〉에 얽힌 내력이 바로 그것이다. 그 내력을 간략하게 보자.

일문관 ᄇ람웃도가 중국으로 유람 가서 그곳 대신의 집에 머물렀는데 우연히 대신의 딸을 보고 한눈에 반해 버렸다. ᄇ람웃도가 어렵사리 청혼하여 대신의 딸과 혼인하게 되었다. 막상 첫날밤 신방에 들고 보니 신부 고산국의 얼굴이 대단히 박색이었다. 자신이 보았던 그 얼굴이 아니었다. 자신이 반한 처자가 대신의 작은딸이었다는 사실을 그제야 알게 된 ᄇ람웃도는 처제를 만날 기회만 엿보았다. 그러다가 서로가 눈이 맞아 제주도로 도망치고 말았다.

남편과 동생이 불륜을 맺어 도망가버리는 바람에 화가 머리끝까지 난 고산국은 남장을 하고 천근 짜리 무쇠 활과 무쇠 화살로 무장을 갖추고선 옥황(玉皇: 하늘)에 빌었다.

"역적이 도망치는 방향을 가르쳐 주십시오."

축수한 연후, 대축기(大祝旗)를 내어 다니, 대축기가 제주도를 향해 흩날린다. 고산국은 대축기가 날리는 방향을 따라 ᄇ람웃도와 동생을 뒤쫓았다.

고산국이 축지법을 펼쳐 바짝 뒤따라오자, 너무나 위급해진 ᄇ람웃도는 한라산 영실 지경에 이르렀을 때 풍운조화를 부려 세상을 암흑천지로 만들었다. 고산국이 절벽 꼭대기에다 죽은 구상나무 가지로 닭의 형상을 만들어 놓으니, 삼경이 되어 구상나무로 만든 닭이 날개를 치면서 목을 들어 길게 울었다. 닭 울음소리와 함께 순식간에 암흑이 그치고 세상이 훤히 드러나면서 고산국은 두 역적이 코앞에 있는 걸 볼 수 있었다.

고산국이 화살을 쏘려고 하자, 남편과 여동생이 바싹 엎드려 사정한다.

"살려줍서, 살려줍서.(살려주십시오, 살려주십시오.)"

자, 이런 상황에서 어떤 선택을 할 것인가? 죽일 것인가, 살려줄 것인가?

백년해로할 것으로 철석같이 믿었던 남편이 고운 얼굴의 여자, 그것도 자신의 여동생과 눈이 맞아 도망을 가다니, 분노가 치밀어 도저히 용서할 수가 없다. 사랑은 "아름다움에 대한 욕망"이라는 마르실리오 피치노[47]의 말이 맞다면, 고산국은 영원히 브람웃도를 얻을 수 없다. 본래 얻을 수 없는 사랑에 대한 욕망이 더 커지는 법. 또한 얻고자 하는 욕망이 크면 클수록 분노는 더욱 커지기 마련이다. 이런 엄청난 분노를 안고 두 연인을 쫓아 온 고산국이 어떻게 이들을 살려둘 수 있을 것인가.

그러나 이 대목에서 고산국은 홀연 중국에서 온 여성이 아니라 제주 어멍[48]의 심사가 된다. 기왕이면 본풀이 가락을 살리면서 제주어로 읽어보자.

---

47) 마르실리오 피치노(Marsilio Ficino, 1433-99): 이탈리아의 철학자이자 신학자.

48) 제주 어머니라는 뜻의 제주어. 여기서 제주어를 쓴 것은 제주의 어머니들이 굉장히 강인하면서도 남편과 자식에게는 무한히 여린 독특한 정서를 드러내기 위해서이다.

… 생각을 ㅎ여보니/ 역적이지마는/

 나의 남펜인디/ 죽일수가 엇고나…(중략)

… 남펜된 양반신디/ 말을 굿다가도/

암만 열백번 생각을 ㅎ여도/ 당신하고 살 수가 엇이매/

부배간 정이란 둬도/ 내손에 밥은 다 자쌌소/

ㄸ로 갈라 살자…. /

남편은/ 명영 복종ㅎ네다…**49)**

참으로 묘수다. 죽일 것인가, 살릴 것인가, 극단으로 치닫지도
않는다. 그리고는 버린 자와 버림받은 자, 사랑을 가진 자와 사랑
을 못 가진 자의 입장을 절묘하게 역전시킨다. 이제는 고산국이
남편을 버리는 형국이다. 그뿐이 아니다. 두 연인의 사이도 끊어
놓는다. 그런데 '땅 가르고 물 가르는' 상황에서 고산국의 숨겨진
마음이 여실히 드러난다.

고산국은 활을 쏘아 땅을 가르면 남편 갈 곳이 없을 것을 염려
한다. 자신의 활 솜씨라면 바다까지 쏠 수 있을 것이니, 남편이 살
땅은 한 뼘도 없게 된다. 고산국은 활을 버려두고는 막대기에 돌
을 끼어 휘둘러 던져서 경계를 정한다. 돌이 떨어진 흙담 위쪽으
로 고산국 자신의 땅을 삼고, 남편은 활을 쏘게 하여 바닷가 하(下)
서귀 동네를 차지하게 한다.

---

49)   진성기, 『무가』, 503-504쪽.

한편 동생이 고산국에게 잘못을 빌자, 그제야 갈 곳 없는 동생마저도 불쌍한 생각이 들어, 고산국은 동생이 살아갈 방도를 낸다.

"성을 바꾸어라. 그렇게 한다면 너 갈 길을 가르쳐주마."

동생은 급기야 고씨를 지씨로 바꾸고, 동홍리 좌정처를 허락받는다.

이렇게 하여 세 신인은 각기 다른 좌정처, 즉 고산국은 서홍동에, 지산국은 동홍동에, 브름웃도는 서귀동에 좌정하게 되었다.

그러나 세 마을은 너무 가깝다. 죽이려고 쫓아 온 남편과 여동

**그림 24** 서귀포시 서홍동 〈본향당〉. 큰부인인 고산국이 좌정한 곳이다.

생에게 고산국은 좌정처를 나누어주면서도, 마음 한구석 분노를 다 삭이지는 못한다. 결국 고산국은 마음속 분노가 실린 다짐을 두 연인에게 일러준다. 이 역시 제주어로 읽어야 제맛이 난다.

> 고산국은 지경을 갈라놓완 ᄒ는 말이/
> 너네들 ᄎ지ᄒ 인간광 내 ᄎ지ᄒ 인간광/ 혼ᄉ 못ᄒ다./
> 네 ᄎ지ᄒ 인간ᄭ지/ 내게는 적이다…
> 너의 인간이/ 내 ᄎ지ᄒ 디 낭글 비여당/ 집도 못 짓는다./
> 만일 너의 인간이/ 나의 명영을 복종 아녀고/
> 낭글 비여갔당은/ 멜망을 시길 테니/ 그리 알아라…50)

고산국의 이 말은 그대로 법이었다. 서로 간에 혼사도 하지 못하며, 나무를 베어다가 집을 지어서도 안 된다는 것, 만약 이 명령을 어기고 나무를 베어가다가는 멸망되리라는 것. 사람살이에서 이보다 무서운 법, 이보다 더 무서운 벌이 또 있으랴.

제주도 당신앙을 모르는 이들은, 설마 본풀이 내용을 그대로 따를 리가 없다고 의구심을 갖기도 한다만, 실제로 서홍동, 동홍동, 서귀동 사이에서는 혼사도 하지 않는 것이 관습으로 내려오고 있다. 물론 국제화 시대, 꿈의 도시 서귀포를 찾아 이 동네로 이주한 사람들이야 관습으로부터 자유로울 수 있을 것이다. 하지

---

50)    진성기, 『무가』, 505쪽.

만 이 세 동네에 뿌리를 내리고 살아 온 사람들에게는 아직도 고산국이 만든 법은 큰 굴레가 되어, 서로 간에 혼사를 꺼린다.

그리하여 서홍동 본향 본풀이 마지막 구절은 이렇다.

"…그 법으로 서홍리광 동홍리광 서권/ 이 지금도 혼술 아녀곡/ ㅎ
여도 잘되는 법이 엇입네다."[51]

삼각관계 속에서 어느 누구도 사랑을 얻지 못한 채 뿔뿔이 갈라선 세 신인의 내력담은 그대로 사랑의 딜레마를 보여준다. 가지려고 하면 할수록 가질 수가 없는 사랑, 그렇다고 끊어버릴 수도 없는 사랑의 마음, 그 속에서 증오와 분노가 자라고, 또 그 속에서 화해와 용서가 이루어지고, 그러면서도 별리를 선택할 수밖에 없는 사랑의 아픔. 이것은 바로 사람살이의 이야기이다. 또한 고산국의 당차고도 정에 약한 모습, 분노 속에서도 남편의 자리를 배려하는 모습은 바로 제주 어멍의 모습이다. 그래서 "과학적으로 맞지 않는 때와 장소를 무대로 이루어진 이야기 형태의 상징이 신화"[52]라는 리꾀르의 말이 새삼 심상한 의미로 다가온다. 실로 삼각관계의 이 세 연인에 얽힌 이야기는 삶의 터에서 겪는 인간의 상황이며, 한편 이 이야기는 그 상황에서 어떻게 생각하고 어떻게 행해야 하는지에 대한 총체적 이해를 가져다주는 것

---

51)   진성기, 『무가』, 505-506쪽.
52)   정기철, 『상징, 은유 그리고 이야기』, 문예출판사, 2002, 31쪽 재인용.

그림 25 서귀포시 〈서귀본향당〉. 당집 안에 본향신을 모시고 있다. 사진 오른쪽에
보이는 것은 〈서귀본향당〉을 알리는 표석이다.

이다.

지금도 고산국이 좌정한 〈서홍본향당〉, 일문관 브름웃도가 좌정한 〈서귀본향당〉은 아주 센 당으로 인식되고 있다. 특히 〈서귀본향당〉은 과거 서귀포 유일의 극장이 있던 번화가, 지금은 이중섭미술관이 있는 관광의 거리에 자리하고 있음에도 불구하고 그 위세를 잃지 않아, 많은 신앙민이 다니고 있다.

비록 아내인 고산국에게 굴복하긴 했지만, 또 사랑이 눈물의 씨앗이 되긴 했지만, 그래도 사랑에 모든 것을 내걸었던 로맨틱한 브름웃도 그리고 역시 사랑에 맹목일 수밖에 없었던 두 여신 고산국과 지산국, 이들의 삼각관계에서 빚어지는 애환이 처절하고 애틋하면서도 다른 한편 정겹고 따뜻하게 느껴진다. 아마도 경박하게 사랑을 들먹이거나 사랑이라는 이름으로 얄팍한 타산을 거래하는 이즈음 세태에 대한 환멸 때문일 것이다.

# 남편감 후리는
# 정좌수 뚜님애기

## 한림읍 금악리 〈두신마를당〉

한림읍 금악리 본향당신인 정좌수 뚜님애기와 그의 남편인 최지국의 아들이 처음 만난 것은 산속에서였다.

어느 날, 최지국의 아들은 총을 들고 사냥 갔고 때마침 그곳에 서귀읍 호근마루 정좌수 뚜님애기도 나무하러 왔으니, 첩첩산중에서 두 사람이 마주쳤다. 최지국의 아들은 남자 기백으로 정좌수 뚜님애기의 손목을 낚아챘는데, 당찬 정좌수 뚜님애기는 오히려 그 손목을 비틀고 최지국의 아들을 나무에 묶어버렸다.

최지국의 아들을 묶어 놓은 채, 정좌수 뚜님애기는 나무를 하여 짐을 짊어지고 떠나려고 하니, 최지국의 아들이 다급한 목소리로 불렀다.

"살려주오, 살려주오."

정좌수 뜨님애기가 말했다.

"날보고 누님이라고 하면, 살려주마."

최지국의 아들은 어쩔 도리가 없었다. 자칫하면 산중에서 묶여 있어야 할 판이었다.

"누님이라고 할 터이니 살려주오."

그제야 정좌수 뜨님애기는 밧줄을 풀어주었다.

한편 정좌수네 집에는 정좌수 뜨님애기를 탐내는 집안에서 사돈을 하자는 청을 넣으러 오는 사람들이 들락날락하고 있었다. 산에서 내려온 정좌수 뜨님애기는 아버지인 정좌수에게 단호하게 말했다.

"나의 남편 될 인연은 따로 있으니, 혼인 허락을 함부로 하지 마십시오."

어느 날, 사방이 어둡도록 장대비가 내렸다. 그날, 최지국의 아들이 비를 피해 총을 들고 정좌수네 집 안으로 들어서니, 정좌수 뜨님애기는 정좌수에게 말했다.

"저 사람이 바로 내 남편 될 사람입니다."

다음 이야기는 뻔하다. 두 사람이 부부간이 되어서 자식들을 낳았다는 얘기로 이어진다.

그런데 왜 정좌수 뜨님애기의 사랑 스토리를 주목하는가? 여기에는 몇 가지 이유가 있다.

무엇보다도 이 스토리는 전통사회의 시각에서 본다면 상식을 뒤엎는 남녀 간 만남이다. 여기에는 '춘향전'류(類)의 남녀 간 도식이 통하지 않는다. 손목을 잡는 능동성과 손목을 잡히는 수동성의 만남이 아니다. 남성이 청혼하고 여성이 부끄러운 듯 허혼하는 만남도 아니다. 이 사랑 스토리를 특별하게 만드는 것은 두 남녀의 만남으로부터 재회 사이를 관통하는 팽팽한 긴장감이다.

분명히 두 남녀는 산중에서 만나는 순간 '필'이 꽂혔다! 그런데도 정좌수 뜨님애기는 최지국의 아들을 나무에 묶어놓고는 자신을 '누님'이라 부르라고 하면서 딴청을 부린다. 아무래도 정좌수 뜨님애기의 딴청 부리기는 남자의 마음을 붙잡아두는 테크닉이다. 왜 그것을 테크닉이라고 하는가? 사랑은 본질적으로 동경이기 때문이고, 긴장감이 있어야 동경하는 마음이 사뭇 지속되기 때문이다. 이렇게 정좌수 뜨님애기는 딴청을 부려놓고는, 최지국의 아들이 스스로 자신을 찾아올 것을 예상한다. 사랑의 순간적인 열기를 통제함으로써 오히려 갖지 못한 것을 가지고자 하는 간절한 열망을 증폭시키고 있는 것이다. 결과는 예상한 대로, 최지국의 아들은 제 발로 걸어와 부부간 인연을 맺는다.

주목되는 대목은 또 있다. 정좌수 뜨님애기는 긴장감을 유지하면서도 인연의 출발에서부터 아예 권력관계를 분명히 하고 있다. 손목을 잡히는 대신 오히려 상대를 제압하여 나무에 묶어버리고, 누님이라는 호칭을 부르게 하면서 서열적으로 상대를 굴복시킨다. 게다가 제 발로 걸어 들어와 남편이 되게 하지 않았는가.

이러한 정황을 달리 표현한 본풀이도 있다. 한림읍 명월리

〈하원당〉[53] 본풀이에는 최지국의 아들이 한라산에 사냥 갔다가 정좌수 뜨님애기에게 잡혀 들어가 부부간이 되었다[54]고 한다. 남녀간 권력관계를 이보다 더 간결하게 드러낼 수가 있을까? 간단히 말해서 정좌수 뜨님애기는 남편감을 후려잡았던 것이다!

이리하여 호근마루 정좌수 뜨님애기는 육지에서 들어온 사냥 잘하는 총잡이(?) 최지국의 아들을 남편으로 맞아, 한림읍에서는 최고 산간지대인 금악리에 좌정하였다.

부부신이 좌정한 금악리는 오래전, 고려 때부터 목축을 하던 곳이다. 원나라가 제주에 목마장을 설치할 때로부터 19세기까지 국마를 기르던 광활한 목장지역이다. 조선조 정조 때 자료에 의하면, 제주의 목장 10소장 중에 6소장인 금악리 지경이 마필 수가 가장 많고 군두[55] 및 목자의 수 역시 가장 많다.[56]

그러고 보면 목축을 주로 하면서 살아가는 마을의 본향신으로 좌정한 두 부부신이 산중에서 만난 사이라는 것은 아주 절묘한 조합이다. 소와 말 그리고 목초지와 산은 불가분리적 관계 아닌가.

---

53) 명월리 〈하원당〉의 당신은 정좌수 뜨님애기와 최지국의 아들 사이에서 난 자식이다. 본풀이마다 그 내력에 약간의 차이가 있는데, 〈하원당〉의 당신이 정좌수 뜨님애기의 둘째 아들이라고도 하고, 어떤 본풀이에서는 넷째 딸이라고도 한다.

54) 진성기, 『무가』, 569쪽.

55) 암말 100필을 책임지는 자는 군두(群頭), 50필을 책임지면 군부(群副), 25필을 관리하는 자를 목자(牧子)라 하였다.

56) 『제주도지』 제2권, 제주도지 편찬위원회, 398쪽 참고.

그림 26 한림읍 금악리 〈ᄃ신마를당〉. 정좌수 ᄯ님애기가 좌정한 곳이다.


두 부부신은 금악봉 남서쪽 각각 다른 곳에 좌정하고 있다. 정좌수 ᄯ님애기는 ᄃ신ᄆ들에 좌정하여 〈축일당(丑日堂)〉 당신이 되고, 최지국의 아들은 알당밧 〈오일당(午日堂)〉 당신이 되었다. 신당의 이름대로 해석한다면 정좌수 ᄯ님애기는 소를 수호하는 신이고, 최지국의 아들은 말을 수호하는 신인 셈이다.

그런데 다시, 또 한 가지 의문이 생긴다. 제주도 여타 마을의 산신은 남신이며 하로산또(한라산신) 계열이다. 산신은 대개 육지에서 들어온 여신을 처신으로 맞이한다. 구좌읍 송당리 본향당 본풀이에도 한라산에서 솟아난 산신 소천국은 바다 건너 강남천자국에서 온 백주또를 맞이한다. 조천읍 와흘리 본향당 본풀이를 보면 역시 산신인 백주또의 열 번째 아들은 서울 서정승 뜨님애기와 혼인한다. 뿐만 아니라 탐라사회의 형성에 관한 삼성신화는 모흥혈(毛興穴: 삼성혈)[57]에서 용출한 삼신인(三神人)이 외래(벽랑국 혹은 일본국)에서 건너온 삼녀(三女)[58]와 혼인한다. 이렇듯 제주신화에서는 토착 남신과 외래 여신과의 결합이라는 도식이 보편적이다. 학자들은 이를 토착 수렵문화와 외래 농경문화의 결합을 상징한다는 의미로 해석하기도 한다.

그러나 금악리의 경우는 그 반대이다. 제주섬의 여신이 육지에서 들어온 남신을 남편으로 맞아들였다. 또한 부부신 중에서도 여신의 신격이 높다. 지금도 금악리 마을에서는 〈축일당〉을 웃당, 〈오일당〉을 알당이라 한다. 당굿도 본향인 〈축일당〉에서 했었다.[59] 뿐만 아니라 소를 수호하는 정좌수 뜨님애기는 직능으로 보면 분명 산신(山神)이다. 물론 어느 문헌에도, 어느 연구자도 산신이라는 언급을 한 바 없지만, 여기에도 아마도 산신의 성별을 남신으로 규정하는 고정관념이 작용한 듯싶다. 여하튼 금악리

---

57)   앞에서 언급한 문헌자료에는 모흥혈로 기재되어 있으나, 현재는 일반적으로 삼성혈이라고 부른다.

58)   삼신인에 대응하는 용어로는 삼신녀라야 할 것이다. 그러나 삼성신화가 기록된 문헌《영주지》,《고려사》,《신증동국여지승람》,《탐라지》,《동국통감》 등에는 탐라를 연 남성에 대해서는 삼신인이라는 용어를 공통적으로 쓰고 있지만, 여성에 대해서는 《영주지》에는 '처자삼인(處子三人)' 혹은 '삼녀'로,《고려사》에는 '처녀삼인'으로 기록되어 있다.

59)   지금은 마을 본향당에서 행하는 당굿은 하지 않는다.

의 이 특이성을 어떻게 보아야 할까?

금악리 설촌유래에는 다음과 같은 내용이 있다. 60)

> "이 마을에는 광활한 토지가 있어서… 몽고의 지배하에 100여 년
> 동안이나 목축을 계속하다 고려 공민왕 17년(서기 1386년) 원나라
> 가 폐망함으로 인하여 목자(牧子)들이 원나라로 귀국하였는데 일
> 부 귀국하지 못한 목자의 후손들이 수류천(水流川=옛마을 이름) 주
> 변에 산재하여 살았다고 한다. 이 목자들이 지역에 산재한 원주민
> 들과 결혼하여 금악리에 입주한 것으로 추정되며…."

물론 이 내용은 구전에 바탕을 둔 것이라 실증적인 사료가 되
기에는 한계가 있다. 그런데도 금악리가 원나라 때부터 가장 규
모가 큰 목마장이었던 점을 감안하면, 오래전 금악리에는 외지로
부터 들어온 사람, 특히 남자들이 많았을 것으로 추정된다. 이러
한 역사적인 정황을 실마리로 삼는다면, 여신이 외부에서 도래한
남신과 부부가 되는 것, 여신이 지배적인 위상을 가지는 것은 어
렵지 않게 설명된다. 산중을 마음대로 뛰어다니는 당찬 여성이
사냥 잘하는 남성을 맞아들여 목축지에 삶의 터전을 잡는다는 설
정. 이는 제주도 중산간 지역이라는 삶의 터, 그리고 그 터전에 존
재하는 사람이 처한 상황을 잘 드러내는 설정이다. 만약 이렇듯

---

60)    『翰林邑誌』, 한림읍, 1177쪽.

마을의 역사성이 본향당 본풀이에 녹아 있는 것이라면, 사랑의 방식도 환경에 따라 달라진다고 말해도 좋을 듯하다.

여하튼 정좌수 뜨님애기 혹은 정씨할망은 최지국의 아들과의 사이에 일곱 오누이를 낳았는데, 이 오누이들은 모두 분파하여 이웃 마을에 좌정처를 잡는다. 본풀이 내용은 구송하는 심방에 따라 약간씩 차이가 있어서 정씨할망의 자식들이 좌정한 마을의 내용도 약간씩 다르기는 하지만, 한림읍의 상대리, 동명리, 명월리, 상명리와 한경면의 조수리와 저지리, 판포리까지 모두 정씨할망의 자식들이 당신으로 좌정하였다. 이 마을들은 한림읍과 한경면의 중산간지역으로서 조선조 때 목장 중 6소장 지역과 거의 일치한다. 이로 미루어보면, 신들의 계보 혹은 당신앙의 권역이 지역의 역사사회적 특성과 밀접하게 연관됨을 알 수 있다.

그러나 그렇게 당차게 남편감을 후렸던 정씨할망의 위세도 세태의 변화 앞에서 한풀 꺾였다. 정씨할망이 좌정한 〈두신마를 당〉을 비롯해서 주변 마을의 신당에도 정초가 아니면 당에서 신앙민을 보기 어렵게 되었다. 당신앙이 정초 신년 과세문안으로 겨우 명맥을 유지하고 있는 실정이다. 그렇기는 하지만 각각의 마을마다 본향당이 있는 공간을 경외로운 곳으로 관념하여 행동을 조심하고 당 주변을 잘 단장하는 것은 여전히 본향당에 대한 애틋한 인식이 살아 있음이리라.

**그림 27** 정씨할망의 셋째 딸이 좌정한 한림읍 상명리 본향〈느지리캔틈〉입구. 깔끔하게 정비된 계단에서 본향당에 대한 마을 사람들의 인식을 엿볼 수 있다.

# 만남도 헤어짐도
# 어려워라

## 구좌읍 월정리 〈월정본향당〉

구좌읍 월정리 본향당은 속칭 빌레
벌판 지경에 큰 팽나무를 신목으로 하여 자리 잡고 있다. 제장은
깨끗하고 넓으며, 제장을 둘러싼 숲 그늘이 그윽하다. 당은 굴렁
진 곳에 자리해 있어서 당 안으로 내려가는 계단이 있다. 일제시
대 때 이 마을 출신인 서울 유학생이 미신을 타파해야 한다면서
본향을 흙더미 속에 파묻었다고 한다. 그러나 해방이 되자 당이
복원되어 오늘에 이른다. 당에는 중앙에 비가림을 할 정도의 작
은 당집이 있는데, 당집에는 하르방신이 좌정하고 당집을 중심으
로 남쪽에는 할망신이 좌정해 있다. 북쪽에는 할망·하르방신의
자식 일곱애기의 제단이 있다.

하르방신의 이름은 신산국 태오또님[61], 할망신의 이름은 황
토나라 황정싱 뜨님애기이다. 할망·하르방신이 같은 제장에 좌정

그림 28 구좌읍 월정리 〈월정본향당〉.

해 있기는 하나, 좌정한 자리를 보면 동거가 아니라 별거(別居)이다. 한 지붕 아래의 별거, 여기에는 사랑과 미움, 그리고 끈끈한 정에 얽힌 사연이 있다.

태오또는 산중에서 꿩사냥, 매사냥을 하며 살고 있었다. 황정승 뜨님애기는 불효하여 무쇠 석함에 담겨 바다에 띄워졌다. 물 아래 삼 년, 물 위 삼 년 떠다니던 뜨님애기는 애월면 어느 포구에

---

61)  본풀이에 따라 하르방신의 신명은 약간씩 다르다. 구송자에 따라 석선시도
      령, 석선부 시도령 태호또, 태호또, 신산국 삼대왕, 신산국 등으로 불리는데
      여기서는 신산국을 나라이름으로 태오또를 신명으로 해석하여 신산국 태오
      또로 칭한다.

떠올랐다. 김첨지 영감이 낚시하러 갔다가 무쇠석함을 발견하고는 금은보화가 든 줄 알고 열어보니, 큰 구렁이가 들어 있었다. 뱀으로 변신한 황정싱 뜨님애기는 열두 부술[62]을 부려 김첨지네 세 딸을 아파 드러눕게 하였다. 김첨지는 뱀이 된 황정싱 뜨님애기를 집으로 모셔 들여 크게 제를 올리니, 세 딸이 살아났다. 황정싱 뜨님애기는 김첨지네 집 뒤안 감나무 아래 좌정하여, 그날 밤 생인(生人)으로 환생한다. 황정싱 뜨님애기는 김첨지네를 상단골로 삼아두고는 천상배필인 신산국을 찾아 제주섬 구경에 나섰다.

제주성 안으로 들어서서 객사, 관덕정, 안 동헌, 바깥 동헌 구경하고, 다시 해안을 따라 동쪽으로 구경을 나섰다. 화북의 동제원, 삼양 진드르, 신촌 열녀문, 조천 풍선동산, 함덕 비석거리를 구경하고, 다시 북촌의 점지팽나무, 동복 개우머리와 김녕 성새기를 거쳐 월정에 당도하였다.

뜨님애기가 월정에 당도하여 쉬고 있을 때, 태오또는 사냥길 다녀오다 뜨님애기를 보게 되었다. 꽃 같고 물 아래 옥돌같이 고운 애기씨를 본 태오또는 남자의 기개로 손목을 부여잡았다.

"어디 가는 애기씨입니까?"

"나의 천상배필감이 태오또라, 태오또를 찾아가는 길이오."

드디어 황정싱 뜨님애기는 천상배필을 만난 것이다. 황토나라를 떠나 먼먼 바다를 건너, 다시 제주섬을 반 바퀴나 돌아서

---

62)    요술이라는 뜻의 제주어.

월정에서 태오또를 만난 것이다. 태오또는 뜨님애기를 당커릿동네[63] 자신의 집으로 데려가 부부로 살아가며 딸 일곱을 낳는다.

태오또는 자나깨나 꿩사냥, 매사냥을 다니고, 뜨님애기는 일곱 딸들을 업고, 안고, 걸리면서 월정바닷가에 나가 보말[64]을 잡아먹으며 지낸다. 어느 날, 바다에서 보말[65]을 잡아먹고 돌아오다가 오줌이 마려워 김씨 상단골네 통시에 가니, 털끝마다 기름이 번질번질한 황소만큼 큰 돼지가 있었다. 뜨님애기는 바싹 돼지고기가 먹고 싶었으나, 그러질 못하고 그저 털을 뽑아 불에 그을려서 먹으니, 먹은 듯 만 듯하였다.

꿩사냥을 다녀온 태오또는 부인에게서 돼지고기 냄새가 나는 연유를 듣고는 헤어지기를 결심한다.[66]

그런데 막상 남남처럼 헤어지려니 쉽지 않다. 어떻게 만난 사이이며, 또 둘 사이에 딸이 일곱이나 있지 않은가. 태오또가 말한다.

"우리 사이에 자식이나 없으면 땅 가르고 물 가를 터인데 그럴 수는 없고 자리나 갈라서 윗집 서당머체[67]로나 가시오."

---

63)  당커릿은 '당이 있는 거리'란 뜻의 제주어.
64)  바다에서 나는 고둥을 일컫는 제주어.
65)  변소라는 뜻의 제주어.
66)  '돗고기 부정'으로 쫓겨나는 할망신에 관한 내용은 6장 2절에서 보다 자세하게 다룬다.
67)  월정리 남쪽에 있는 들.

그러나 태오또는 그냥 떠나보내지를 못하고, 부인과 딸 일곱을 데리고 서당머체까지 간다.

이 대목은 제주도 다른 신당에서 부부신이 헤어지는 장면과는 아주 다르다. 부인이 '돗고기 부정'을 저질렀을 때, 월정리 태오또 경우 외에는 모두 '브름알로 내려서라.' 혹은 '땅 가르고 물 갈라라.' 식의 단호한 명령이 내려진다. 물론 헤어지는 부인의 좌정처를 염려하는 법은 더욱 없다. 하지만 태오또는 함께 서당머체까지 가서는 좌정처가 부인의 마음에 드는지를 확인한다. 부인에게서 "그만하면 좌정할 만합니다."라는 말을 듣고서야 돌아 나오는데, 부인이 태오또의 옷섶을 부여잡는다.

"내가 살 수 있도록 조치를 해 두고 가시오."

열두 부술을 부리던 황정싱 뜨님애기가 살 도리를 모를 리가 있으랴. 돌아서는 남편 옷섶을 붙잡는 것은 사실 남편을 붙잡는 것이 아니고 무엇일까. 또 부인의 부정을 용서할 수 없어 헤어지기로 하였으면서도 부인이 따로 살 자리까지 챙겨주는 태오또이니, 옷섶을 붙잡는 부인을 떨쳐버리질 못한다. 태오또는 돼지고기를 먹고 싶어 했던 부인을 위하여 돗젯법[68]을 설립하고, 단골들로부터 열두 반(盤)을 받아먹도록 조치를 하였다.

그런 후에 떠나오면서 태오또는 부인에게 또 한 가지를 일러준다.

---

68)  돼지고기를 제물로 올리는 제법(祭法).

**그림 29** 격렬한 춤을 추는 심방과 본향신을 경배하는 여성들: 구좌읍 월정리 〈본향당〉 마불림제의 한 장면.

"정월 열나흘 날에는 아이들 데려오시오. 대제일 같이 받게."

정월 열나흘 날은 월정본향에서 신년과세제가 있는 날이다. 일 년 4대 제일 중에서 가장 큰 제일이다. 그 큰 제일에 부인 그리고 딸들과 함께 제일을 받겠다는 것은, 비록 좌정처는 달리하여도 변함없이 한 가족임을 인정하는 것이다.

땅 가르고 물 갈라 헤어지는 부부신을 '이혼'에 비한다면, 구좌읍 월정리 신산국 태오또와 황정싱 또님애기는 부부의 연을 그대로 둔 '별거'인 셈이다. 그러나 부부신의 별거는 시대의 변화와 더불어 막을 내렸다. 언제부터인지 정확한 시기는 알 수 없으나,

당커릿동네에 좌정했던 태오또는 다시 서당머체에 좌정하였다. 다만 같은 장소에 좌정하면서도 서로 앉은 자리는 달리하였으니, 말 그대로 동당이좌(同堂異座)이다.

현재 〈월정본향당〉에서는 일 년 4대 제일에 모두 당굿을 하지 않는다. 1월 14일 신년과세제와 7월 14일 백중제에만 당굿을 하고, 할망신을 위한 제일인 6월 8일과 10월 8일 제일에는 당굿을 폐하였다. 대신에 6월의 매 8일, 즉 8일, 18일, 28일과 10월의 매 8일 중 택일하여 신앙민은 메만 올리거나, 더러는 산(算: 점)을 받기도 한다.

**그림 30** 〈월정리 본향당〉 신년과세제에 참여한 신앙민이 집안의 길흉을 점치기 위해 자신의 순서를 기다리고 있다.

한편 월정리 당굿에 참여하는 신앙민은 굉장히 많다. 월정리에 거주하는 대부분의 세대가 당굿에 참여한다. 뿐만 아니라 월정리를 떠나 사는 사람들도 참여한다. 신앙민이 얼마나 많이 참여하는지, 당집 앞에는 신앙민이 가져온 제물을 담아두는 컨테이너와 포대가 있다. 신앙민은 각자 제물을 준비해 오는데, 그 수가 많아 제물을 일일이 진설할 수 없으므로 소주, 생선, 과일 등 제물의 종류대로 한곳에 모으기 위한 것이다.

　신년과세제인 정월 열나흘에는 육지부에 거주하는 사람뿐 아니라 재일교포가 참여하기도 한다. 어떤 때에는 당굿의 시작이 늦어지기도 하는데, 그것은 육지에서 오기로 한 신앙민을 기다리기 때문이다. 신앙민은 어느 누구 하나 불평하지 않고 "부산서 왜 늦는가."라는 걱정스런 말을 할 뿐이다. 가히 신앙공동체이다. 사회변화 속에서 당신앙이 급속하게 퇴색되고 있는 것에 비한다면 구좌읍 월정리는 당신앙이 상당히 견고하게 지속되는 곳이다. 혹 부부신의 끈끈한 정이 신앙심에도 작용하는가?

5장

만남과
부정한 이별

# 쫓겨나는
# 하르방신

## 구좌읍 송당리 〈송당본향당〉

　　　　　　　　신들의 세계는 인간살이의 반영이
라 했던가. '검은 머리 파뿌리 되도록', 죽음이 갈라놓기 전에는
헤어지지 않기를 기약하며 만난 부부가 더러 우여곡절로 헤어지
듯이, 신들의 세계에도 만남의 사연 못지않게 이별의 사연도 심
심찮다.

　제주도 본향당신 본풀이에도 부부신이 불화하여 이별하는 경
우가 더러 있다. 별거를 선언하는 말은 '살림 갈르라!' 혹은 '땅 가
르고 물 가르라!'이다. 이렇게 살림을 갈라설 때, 흔히 한쪽은 '웃
또[혹은 ᄇ름웃또]'로, 다른 한쪽은 '알또[ᄇ름알또]'로 부르게 된다.

　이렇게 위/아래로 나누어 부르는 것은 각자가 갈라서서 살림
하게 될 위치에 따른 구분이기는 하다. 그런데도 대개는 헤어지
게 되는 원인을 제공한 쪽이 '아래'로 좌정하여 '알또'로, 스스로

정당하여 비판하는 입장인 쪽이 '위'로 좌정하여 '웃또'로 불리게 된다. 여기에는 서열적 가치 관념이 개입되었을 터이다.[69] 그런데 부부신이 웃또와 알또로 갈라서게 될 경우, 남신이 웃또인 경우가 많다. 아무래도 제주 땅에 유입된 남성우월주의, 그 이데올로기적 감염 때문이 아닐까.

그런데 유별나게(?) 여신이 ㅂ름웃또가 되고 남신이 ㅂ름알또가 된 내력담이 있다. 쉽게 말하면 여신이 남신을 비판하며 쫓아냈다는 말이다. 소위 제주도 당신앙의 뿌리라 일컫는 구좌읍 송당 본향의 사건이다. 그 사건의 전말을 간략히 보자.

남신의 이름은 (소로)소천국이고, 여신의 이름은 백주또이다. 비록 이들이 갈라서기는 하지만 부부의 연을 맺은 사연은 기막히다.

강남천자국에서 태어난 백주또, 15세가 되어 천기(天機)를 짚어보니, 조선국 제주도 송당리에 천상배필이 있었다. 배필감을 찾아 강남에서 바다 건너온 백주또는 소천국을 찾아와 백년가약을 맺었다.

부부는 아들 열여덟, 딸 스물여덟을 낳았는데, 좀 자란 아이는 밥을 달라 울고, 어린 아기는 젖을 달라 울어대었다. 소천국이 사

---

69) 부부신이 별거하는 경우 외에도 웃또/알또로 구분하는 경우가 있다. 부부신이 합좌해 있는 경우에 그 당의 주신을 웃또로 호칭한다. 애월읍 신엄리 본향당에는 송씨부인과 김씨영감이 함께 좌정해 있는데, 주신이 송씨부인이므로 'ㅂ름웃또 송씨부인, ㅂ름알또 김씨영감'이라 한다.

냥으로 잡아 오는 것으로는 그 많은 자식을 키우기 어려워, 백주 또는 남편인 소천국에게 농사를 짓자고 권유한다. 현명한 제안이다. 사냥하는 것과는 달리, 농사는 너른 땅에 노력하는 것만큼 생산할 수 있을 터이고, 그 많은 자식 배곯지 않게 식량을 비축해둘 수도 있다. 사냥감이 있으면 먹고, 없으면 곯아야 하는 생활방식에 비한다면 가히 혁명적이다. 게다가 소천국이 누구냐. 밥 아홉 동이 국 아홉 동이를 먹을 만큼 보통 몸이 아니니, 땅 가는 농사일이야 너끈히 해낼 것이다!

드디어 남편인 소천국은 소에 쟁기를 메우고 피씨 아홉 섬지기의 오봉이굴왓에 가서 밭을 가는데, 마침 시주를 받으러 마을로 가던 중[70]이 소천국에게 먹을 것을 좀 달라고 했다. 소천국은 밭을 갈던 참이라, 점심 놓아둔 자리만 일러주었다. 소천국은 중이 먹어봐야 얼마나 먹겠냐는 생각을 했던 것이다. 그러나 중은 국 아홉 동이, 밥 아홉 동이, 열여덟 동이를 다 먹어 버렸다.

한참 후에 시장기를 느낀 소천국이 밥을 찾고 보니, 기가 막힐 수밖에. 덩치가 큰 만큼 시장기를 참지 못하는 소천국은 밭 갈던 소를 잡아 찔레나무에 불 피워서 구워 먹어 버렸다. 일단 입에 고기맛을 붙이고 보니, 도무지 소 한 마리로는 양이 차지 않아, 두리번거리다가 이웃 밭에 있는 검은 암소까지 잡아 먹어버렸다.

---

70)  본풀이 구송자에 따라 삼신산 중 혹은 태산절 중이라고도 하고, 전관도사라고도 한다.

한낮에 밭일하는 남편이 궁금해진 백주또는 좀 큰 아이는 걷게 하고, 어린아이는 등에 업고, 안고 하여 밭에 와 보니 남편의 모양새가 참 이상하다. 잠대를 쇠가죽으로 동여매어 배때기에 대어서 밭을 가는 게 아닌가.

"어찌 이 모양으로 밭을 갑니까?" 백주또가 물으니, 소천국은 '이만호고 저만호다.'고 사실대로 말하였다. 백주또는 기가 막혔다. 밭 갈아야 할 소를 잡아먹은 것도 모자라, 남의 소까지 잡아먹다니! 급기야 백주또는 소천국에게 소도둑놈이라고 외치면서 살림을 분산하자고 하였다.

그림 31 화가 김연숙의 작품 〈송당본향〉.

천정배필을 찾아 천기를 보면서 바다를 건너온 백주또. 아들 자식 열여덟, 딸자식 스물여덟을 낳을 동안 그 좋던 금실은 순식간에 물거품이 되었다. 하기야 농사지을 밑천인 소를 잡아먹는 무계획성, 잠시의 시장기를 참지 못해 남의 소를 잡아먹는 무책임한 사람을 어떻게 용서할 수 있었으랴. 단연코 부부의 정을 끊어내는 백주또.

바로 이런 점이 제주신화를 논하는 자리에서 백주또가 단골 메뉴로 등장하는 이유일 것이다. 특히 김정숙은 백주또 원형, 백주또 여성이라는 용어를 만들어 쓰면서, 백주또를 자립적이고 개체적인 제주 어머니들의 원형으로, 백주또 원형은 완고하고 객관적인, 강한 여성들의 원형으로, 또 백주또 여성은 인간적인 원칙들에 충실한 막강한 제주 어머니의 원형으로 해석한다.[71]

좋다, 남편과 아버지의 책임, 그리고 사람된 도리를 일순간에 망각하는 남편을 속 후련하게 응징하여 쫓아내는 대목은. '참아야 하느니라.'를 주문처럼 듣고 자란 사람들에게 백주또의 과단성은 얼마나 통쾌한 대리만족인가. 특히 여성주의자들은 거의 백주또의 캐릭터에 매료된다. 적극성과 자율성, 도덕성과 창조성 등등, 백주또는 주체적인 인간 그 자체인 것이다.

그런데, 그런데 말이다. 살림을 갈라서고 난 후일담을 눈여겨볼 필요도 있다. 쫓겨난 소천국은 알손당(구송자에 따라서는 헤낭곳굴

---

71)  김정숙, 『자청비·가믄장아기·백주또』, 도서출판 각, 2003, 130-135쪽.

왓이라고도 한다.)에 가서 오백장군 오백서 딸(혹은 정동갈체 딸)을 첩으로 삼아 다시 수렵생활을 한다. 한편 백주또는 웃송당에서 고사리를 꺾고, 나무 열매를 따 먹으면서 그 많은 아이를 돌보며 살아간다. 얼마나 고단하였으랴. 그 많은 아이들 먹이고 키우느라, 백주또는 제대로 먹지도 입지도 못했을 것이다. 제주의 창조신 설문대할망의 옷이 해어져 여기저기 구멍이 났다[72]고 하더니, 모르긴 모르되 백주또의 옷도 그 못지않게 해졌을 것이다. 또 얼마나 억척같이 일했을까. 아마도 눈 짓무를 만큼, 잠시 짬 돌릴 겨를도 없이 일했을 것이다. 이쯤 되면, 불쑥 살림을 가른 백주또의 과단성이 과연 칭송받을 일인지 모호해진다. 백주또의 그 적극성으로 소천국을 개과천선하게 할 수는 없었을까? 살살 가르치고 달래면서 소천국의 힘으로 농사를 더 잘 지을 수는 없었을까? 혹시 우리가 백주또의 캐릭터를 너무 긍정적으로만 해석하면서, 제주 여성들에게 '온몸으로 삶의 무게를, 그것도 남편이 감당해야 할 몫까지 짊어지면서 억척같이 살아야 하느니라.'고, 그것이 제주 여성의 미덕이라고 몰아붙이고 있지나 않은지 모르겠다. '제주 여자로 태어났으면, 한 식구는 동동 먹여 살려얍쥬.'라는 제주 속담처럼 말이다.

다시 그런데, 그런데 말이다. 기왕에 홀몸으로 자식들 키울 작

---

72)  설문대할망이 치마폭에 흙을 담아 제주섬을 만들 적에, 터진 치마구멍 사이로 여기저기 흘러내린 흙이 360여 개의 오름이 되었다고 하는 전설이 있다.

정을 했다면, 꿋꿋하고도 억척스럽게 살아가면 좀 좋으랴만, 주체적인 여성 백주또의 강인함이 일순간에 흔들린다. 글공부를 하러 간 아들 송곡성이 아비 없는 호로자식이라고 벗들에게서 따돌림을 당하니까, 어머니에게 와서 아버지가 간 곳을 알려달라고 하였다. 아들 앞에서는 한없이 약해지는 어머니 백주또는 그 아들을 데리고 첩과 살고 있는 소천국을 찾아간다.

아버지를 만나 반가운 송곡성은 어리광을 부리느라 아버지 무릎에 잽싸게 달려들어 아버지 수염을 잡아당기고 가슴팍을 치며 담뱃대를 이리저리 뒤흔들었다. 아들의 버릇없는 행동에 분노한 소천국은 무쇠 철갑에 집어넣어 바닷물에 던져 버리는 게 좋겠다는 첩의 말에 따라 송곡성을 무쇠 철갑에 담아 동해 용궁에 띄워 버렸다.

놀랍지 않은가! 아들의 청이라고는 하나, 첩과 살고 있는 남편의 집을 찾아간 것도 그렇고, 더더욱 남편과 첩이 아들을 무쇠 철갑에 담아 동해 바다에 던져 버릴 때 백주또가 가만히 있다니! 그리하여 결국 동해 바다에서 아들이 살아 돌아왔을 때 소천국은 물론이고 백주또 또한 놀라서 도망갔다! 도대체 이 대목에서 백주또를 어떻게 해석할 것인가?

하기야 신의 내력담을 조목조목 붙들고 그 합리성을 따진다는 것은 말도 안 된다. 그것도 제주 여성의 표상이라는 백주또라니, 그것은 더욱 안 될 말이다. 괜스레 제주 여성의 자부심에 흠집 낸다고 오해받기 십상이다. 벌써 이 대목까지 읽은 독자들 중에는 신화를 논리적으로 분석하는 것은 가당치 않다고 비판할 준비가 되어 있을지 모르겠다. 그런 독자들이 있다면, 다시 생각해 보라. 신화는 생활문화의 반영 아니던가? 과단성 있게 살림을 분산하는 것, 억척같이 자식들을 키워내는 것, 아들 앞에서는 어이없이 약해지는 것, 헤어진 남편에게도 남편 대접하는 것 등등, 이 모든 모습이 백주또이다.

제주 역사를 만들어 온 제주 어머니들의 강인함, 그 인고의 삶은 두고두고 예찬받아야 마땅하다. 그렇기는 하지만, 백주또 신화에서 보고 싶은 것만 오려서 읽어내는 것은 곤란하다. 적어도 '가위와 풀의 논리'는 신화해석의 방법은 못 되기 때문이다.

송당본향의 백주또 스토리를 해석하는 많은 학자들은 이 신화가 토착세력인 소천국과 외래문화로 상징되는 백주또의 결합을 보여준다거나, 수렵생활에서 농경생활로 전환하게 된 역사적 의미를 지닌다고 한다. 설득력 있다. 이 정도에서 신화 읽기의 한 호흡을 멈추자. 여기서 브레이크를 제대로 걸지 않아 '과잉'이 되면, 맹목적 지역주의에 빠지거나 자칫하면 백주또라는 이념이 여성주의와 충돌할지도 모른다.

남성우월적 이데올로기에 저항하는 백주또 이야기를 하다 보니, 어느새 다시 어쩔 수 없는 사회적 한계를 읽는 듯하여 찜찜한 기분이 들지 않을까?

그 기분 터는 요량으로, 아직도 펄펄 살아 있는 송당본향당신 백조할망의 영험에 관한 한 토막 얘기. 장주근 선생이 1956년에 송당본향당의 당굿을 보러 갔다가 마을 주민으로부터 들은 얘기이다. 일제 말기 때 일이라고 하니, 그 당시로는 불과 10여 년 전

**그림 32** 구좌읍 송당리 〈송당본향당〉 제단. 궤 안에는 당신인 백주또에게 바치는 신앙민들의 정성이 들어 있다.

의 일이다. 미신 타파 운동을 한답시고 구좌면 부면장 양남진이 관리들을 데리고 와서 송당 본향의 거대한 팽나무 신목을 베어버렸다. 그 후 신목을 벤 사람들은 다 죽고 양남진의 두 아들도 죽었다고 한다.[73] 소위 동티난 셈인데, 이런 동티를 목격하고 나면 마을 사람들의 신앙심은 더욱 돈독해질 수밖에 없다.

---

**73)**　　장주근,『풀어쓴 한국의 신화』, 집문당, 1998, 46-47쪽 참고.

# 돗고기 부정과 바람웃로
# 쫓겨나는 할망신

## 조천읍 와흘리 〈와흘본향당〉

　　　　　　　　　남신이 처신에 의해 쫓겨남을 당하
는 구좌읍 송당리 경우는 다분히 예외적이다. 송당리 외에도 애
월읍 상귀리처럼 남신이 쫓겨나는 경우가 없지는 않은데, 굳이
예외적이라고 토를 다는 것은 부부신이 별거하게 되는 대개의 경
우가 남신이 처신을 쫓아내고 있기 때문이다.

　좀 더 구체적인 문제로 들어가 보자. 할망신이 하르방신에게
쫓겨나는 원인은 일률적으로 돼지고기를 먹는 부정을 저질렀다
는 것이다. 소위 '돗고기 부정'이다. 왜 돼지고기를 먹는 것이 부
정한 일이 될까?

　한반도 문화에서는 오히려 돼지는 신성한 동물 아닌가? 돼지
는 하늘에 바치는 신성한 제물이고, 『삼국사기』 고구려 유리왕
편을 보면, 돼지는 신의 뜻을 전달하는 신성한 존재로 나타난다.

또 돼지의 다산능력을 바탕으로 돼지는 복의 상징이기도 하다. 물론 '돼지 같은 놈'이라는 욕설이 있듯이, 탐욕스러움을 상징하기도 하지만, 왜 하필 제주도에서 돼지가 부정적인 상징이 되었는가 말이다.

제주도 '돗고기 부정'을 마빈 해리스 식[74]으로 해석할 수 있을까? 그는 유대인이나 이슬람교도들이 돼지를 혐오스러운 동물로 취급하면서, 돼지고기를 금기 식품으로 간주하는 까닭을 문화생태학적으로 풀어낸다. 즉 '돼지고기 금기'는 근본적으로 비용과 이익을 견주어 본 뒤의 선택이고 현실적인 이유의 반영이었다는 것이다. 마빈 해리스의 분석은 상당히 설득력 있다. 돼지의 체온을 유지시켜 줄 '물'과 '그늘'을 중동 인근의 땅에서 마련하는 것의 어려움, 다른 가축들에 비해 고기만을 제공하는 돼지는 효용성이 떨어진다는 점 등등이다.

그런데 아무래도 '돗고기 부정'을 마빈 해리스 식으로 풀어내는 것은 마땅치 않다. 무엇보다도 제주도 음식문화에서 돼지고기는 금기 식품이 아니라 아주 선호하는 식품이라는 점이다. 또 본풀이에서도 모든 신들에게 '돗고기 부정'이 적용되는 것이 아니

---

74)   여기서 미국의 문화인류학자인 마빈 해리스를 거론한 것은 그가 쓴『문화의 수수께끼』,『음식문화의 수수께끼』등의 책에서 돼지 혹은 돼지고기를 혐오하는 문화를 분석하고 있기 때문이다. 또한 그는 문화생태학적 입장, 문화유물론적 입장에 서서 문화의 물질적 근거를 분석하는데, 이런 방법적 측면을 잘 알려진 그의 이름을 빌려 마빈 해리스 식이라 표현했다.

라는 점이다. 예컨대 조천면 김녕리 궤내깃당 당신은 돼지고기를 너무 좋아하여, 당신에게 제를 지낼 때는 아예 돼지를 통째로 한 마리 올리고 있다! 설령 '돗고기 부정'으로 쫓겨난 신일지라도 그 신격이 훼손되지는 않으며, 그 신은 여전히 돼지고기를 제물로 받는다.

게다가 '돗고기 부정'과 상관없이 돼지고기를 꼭 올리는 당도 여러 곳 있다. 애월읍 납읍리 본향당은 당신이 송씨할망인데 돼지고기를 좋아하여 아예 〈돗당〉이라는 별칭으로 불리고, 성산읍 온평리에도 잔칫날 등 돼지 잡는 날에는 당에 꼭 고기를 올려야 하는 〈들혹 돗당〉도 있다. 온평리에서는 두통이나 설사와 같은 병증을 '돗당에 걸린 병'이라 하는데, 말인즉 돼지고기를 먹게 된 날에 당에 고기를 올리지 않아서 생긴 병이라는 것이다. 이뿐이 아니다. 애월읍 귀덕1리 〈돈지당〉의 당신 송씨할망은 워낙 돼지고기를 좋아하여, 돼지를 사고 팔 때조차도 이 당 앞은 그냥 지나치지 못하여 돼지털이라도 뽑아 던져야 한단다. 표선면 표선리 당캐 〈세명주할망당〉에도 돼지고기를 올린다. 세명주할망이 누구인가? 제주섬을 만들어 낸 그 유명한 설문대할망 아닌가.

이렇듯 제주도 신당 곳곳에 돼지고기를 좋아하는 신들이 있는 바에야, 어떻게 쉽사리 마빈 해리스의 해석을 끌어올 수 있으랴.

진성기 선생은 돼지고기를 경계로 삼아 돼지고기를 먹지 않는 신은 백파로서 미식신(米食神)이고, 돼지고기를 먹는 신은 흑파로서 육식신(肉食神)이라고 개념적으로 구분한다. 또한 신의 세계가 흑·백 양파로 나누어지는 것은 "부부신의 사이에서만이 아니라 같은 한 마을에 있어서도 〈당〉과 〈당〉 또는 〈신〉과 〈신〉 사이에서 항상 대립의 세계를 이루고 있"[75])기 때문이라고 한다. 그리고 또한 '돗고기 부정'의 본풀이 신화에서 "궁극적으로 가정갈등의 핵심을 발견할 수 있다."[76])고 한다.

진성기 선생의 해석은 신화가 생활세계의 반영이라는 점에서 보면 설득력이 있다. '돗고기 부정'을 단지 식성의 차이로 풀이하고, 그로 인한 별거를 가정으로부터 마을, 나아가 신들의 세계에까지 내재하는 갈등과 대립의 상징으로 해석하는 것은 문화적 '사실'에 근거한 것으로 보인다.

다만 백파신과 흑파신을 선신과 악신으로 대비시키고[77]), 신의 직능 면에 있어서 "백파는 길례와 선사를 주로 하고 흑파는 흉례와 악사를 주로 한다."는 구분에는 쉽게 동의하기 어렵다. 갈등과 대립이라는 인간 세계의 근원적이고도 사실적인 상황에 갑자기 선과 악이라는 가치 개념이 개입하는 것도 그렇고, 돼지고기를 먹는 신들이 딱히 흉례와 악사에 관계한다는 근거가 희박하기 때문이다. 특히 할망신들이 '돗고기 부정'으로 쫓겨나는 사례가 태반인 상황에서 흑파와 악신을 운운하는 것은 왠지 '칠거지악'의 '악' 자(字)와 가부장적 이데올로기를 떠올리게 한다. 내가 너무 민감한 것일까?

---

75)   진성기,『무속학(巫俗學)』, 제주민속연구소, 2005, 164쪽.
76)   앞의 책, 171쪽.
77)   앞의 책, 151쪽.

다시, '돗고기 부정'으로 돌아가자.

'돗고기 부정'으로 쫓겨나거나 살림 가르는 할망신의 사례는 여러 마을에서 보인다. 서귀포시 보목동 〈조녹잇당〉, 제주시 용담동 〈궁당〉, 조천읍 와흘리 〈와흘본향당〉, 구좌읍 평대리 〈수데깃당〉, 구좌읍 월정리 〈서당〉 등이다.

그런데 본풀이에는 그냥 '돼지고기를 먹었다.'는 정도로 표현되는 것이 아니라, 놀라울 정도의 은유가 춤을 춘다. 보자.

서귀포시 보목동 본향인 〈조녹잇당〉의 당신은 한라산에서 솟아난 한라산신인 브름웃도인데, 어느 날 그의 처신이 토평 서웃동네(西윗동네) 허씨라는 혼자 사는 무당집에 갔다가 돼지고기가 바싹 먹고 싶어 일을 저지르고 만다. 그 내력을 제주어 그대로 옮겨보자.

"… 괴기를 팟싹 먹고판(고기가 바싹 먹고 싶어)

상돗통에 기여들언 보니(上돼지우리에 기어들어가 보니)

되야지가 용베겔 베와(돼지가 용(큰)베개를 베고)

용줌을 자고 이서(용잠을 자고 있어)

갱맹지를 손에 감아 죄고(강명주를 손에 감아 쥐고)

항문으로 손을 드리물아(항문으로 손을 들이밀어)

간내 식식 양외 식식을 빼어 먹어(간과 양의 시원하고 좋은 맛을 빼어 먹어)"[78]

---

78)  진성기, 495쪽.

이 얼마나 거침없이 적나라한 은유인가! 돼지고기 맛에 대한 간절함이 항문으로 손을 들이밀어 간을 내어먹을 정도라니! 그런데 이보다 더 간절한 은유가 또 있다. 돼지 발굽에 고인 물을 빨대를 대어서 빨아먹으니, 돼지털이 콧구멍으로 박아졌다거나[79] 뒷간[돗통시]에서 돼지털 하나를 빼어 콧구멍에 넣어 불로 그을리니, 돼지고기를 먹은 듯하다[80]는 등등. 돼지고기에 대한 욕망을 어떻게 이보다 더 여실하게 드러낼 수 있으랴! 기껏해야 돼지 발굽에 고인 물 혹은 돼지털일지라도 돼지 맛이 난다는 게 아닌가. 이쯤 되면 단순히 돼지고기와 돼지털의 유사성을 뛰어넘어 일련의 연상(聯想)을 일으키게 한다. 성(性)에 대한 욕망 혹은 성교!

진성기 선생도 '돼지 밑구멍', '돼지털'을 정신분석학적 논의를 빌려 성교의 상징[81]이라고 잠시 언급하고 있는데, 이러한 언급은 흑백양파론 때문에 오히려 그 의미가 희석되고 있다. 아쉽다.

그런데 '돗고기 부정'이 실린 본풀이를 놓고 이러쿵저러쿵 수다를 떨다 보면, 사람들은 아주 쉽게 '돼지'와 성교 혹은 성욕을 연결한다. 어떤 이는 돼지고기에서 나는 쥐경내[82]와 성교 시에 나는 냄새가 비슷하다고 하고 또 어떤 이는 틈만 나면 발정하는 돼지의 특성과 성욕을 연결한다.

---

79) 구좌읍 평대리 수데깃당 할망신의 내력담 내용이다.(진성기, 『무가』, 430쪽.)
80) 구좌읍 종달리 본향신의 처신에 관한 내력담이다.(진성기, 『무가』, 428쪽.)
81) 진성기, 『무속학』, 169쪽.
82) 돼지고기 냄새라는 뜻의 제주어.

여하튼 돼지고기를 향한 간절한 욕망, 그 끝은 분리(分離)이고 별리(別離)이다. 하르방신은 고기를 먹지 않는 자신을 '맑고 맑은 도(都)'라고 하면서 "쥐경내 나고 야광내[83] 나는" 할망신과 함께 살 수 없음을 선포한다. 선포는 대개 '큰 부인 노릇 못하겠다. 땅 가르고 물 가르라.' 혹은 '큰 부인 노릇 못ᄒ키여. ᄇ름알로 ᄂ려스라.'는 식이다.

이 대목에서 왜 돼지고기를 먹는 것이 부정한 일이 되는지 다시 생각해 보자. 돼지고기를 먹는 것 혹은 그와 유사한 어떤 행위를 성교의 상징으로 본다면, 결혼 관계 밖의 성교는 대개의 문화권에서는 도덕적으로 권장할 일이 아니다. 그래서 '돗고기'에 '부정'이라는 말을 연결하는 것쯤에는 굳이 이의를 달 생각이 없다. 문제는 그것이 왜 할망신에게 적용하는 사례가 압도적이냐는 것이고, 'ᄇ름알로 ᄂ려스라.'처럼 비(非)가치적 뉘앙스를 풍기느냐는 것이다. 여기에 어떻게 여성들에게만 적용하던 칠거지악의 유가적 명분이 작용하지 않았다고 할 것이며, 돗고기 부정이 칠거지악[84]의 제3악인 음행(淫行)의 상징이 아니라고 할 것인가. 이는 분명히 이데올로기적 감염의 증상이 아닐 수 없다. 물론 애월읍 상귀리 〈황다리궤당〉은 남신인 강씨영감이 돗고기 부정을 저

---

83) 노린 냄새라는 뜻의 제주어.
84) 칠악(七惡)은 다음과 같다. ① 시부모에게 순종하지 않는 것(不順舅姑), ② 자식을 낳지 못하는 것(無子), ③ 음탕한 것(淫行), ④ 질투하는 것(嫉妬), ⑤ 나쁜 질병이 있는 것(惡疾), ⑥ 수다스러운 것(口舌), ⑦ 도둑질하는 것(盜竊).

그림 33 조천읍 와흘리 〈와흘본향당〉.

질러 쫓겨나, 〈황다리궤당〉 돌담 밖 작은 궤에 좌정하고 있다. 마치 집 밖으로 쫓겨나 처마 한 모퉁이에 앉아 있는 형국이다. 그래서 〈황다리궤당〉의 당신은 ㅂ름웃도 송씨부인과 ㅂ름알또 강씨영감으로 불린다. 하지만 이 경우는 겨우 하나 있을까 말까 하는 액세서리같은 상황일 뿐이다.

그래서 나는 조천읍 와흘리 〈와흘본향당〉에 설 때마다 마음이 씁쓸하다.

〈와흘본향당〉. 제주도 어느 마을의 본향당보다 아름답고 편안한 곳, 웅장한 신목이 만들어내는 위엄과 너른 마당이 어우러진 곳, 더더욱 온 마을 사람들이 정성으로 당굿을 치르는 마을[85], 그리하여 지금은 제주도 문화재[민속자료]로 지정된 곳[86]이다.

그런데 왜 씁쓸하다고 하는가? 다른 이유야 없다. 다만 하르방신의 제단은 남쪽에 거창하게 2단으로 마련되어 있음에 비해, 할망신은 동쪽 한 귀퉁이로 밀려나 있기 때문이다. 물론 '돗고기 부정'이다.

그런데 본풀이를 들여다보면, 원래 'ᄂᆞ늘 한거리(와흘 큰 거리) 만년 폭낭 아래 좌정ᄒᆞᆫ'[87]이는 하르방신이 아니라 할망신, 즉 서정승 ᄯᆞᆫ님애기였다. 하르방신인 손당머리 열쳇 아들 백조도령이 웃ᄂᆞ늘(윗와흘) 오름에 올라가 바라보다가, 만년 폭낭 아래 좌정한 ᄯᆞᆫ님애기를 보았던 것이고, '외대바지 선씨 하르방'에게 다리를 놓아달라고 하여 부부인연을 맺어 만년 폭낭 아래 함께 좌정한 처지이다. 사연이 이렇다면 설사 할망이 '돗고기 부정'을 하였다 한들, 'ᄇᆞ름알로 좌정하라.'고 할 것이 아니라 하르방이 떠나야 한다. 경우가 그렇다는 말이다.

---

85) 하순애, 『제주도 민간신앙의 구조와 변용』, 176쪽 참고.

86) 2005년 4월에 조천읍 와흘리 본향당, 구좌읍 송당리 본향당, 성산읍 수산리 본향당, 제주시 회천동 새미하로산당, 제주시 월평동 다라쿳당이 제주도 민속자료로 지정되었다. 제주도의 많은 당 중에서 우선적으로 이 당들이 지정 문화재가 된 데에는 각각 이유가 있는데, 특히 와흘리 본향당은 당의 규모도 크거니와 당굿에 마을 이장을 포함한 남성제관이 참여하고 있어 남녀노소가 당굿에 참여하던 전통을 그대로 지속시키고 있다는 점이 작용하였다.

87) 진성기, 『사전』, 365쪽.

물론 나의 씁쓸함이란 부질없는 심정이기는 하다. 할망신이 한쪽에 좌정해 있고 그 제단이 하르방신에 비해 초라한 것이 꼭 남녀차별적 성이데올로기의 반영이 아닐 수 있다. 와흘리가 중산 간마을이어서 할망신보다는 수렵신의 성격을 지니는 하르방신이 주신이었을 수도 있고, 신당을 재정비하기 이전에는 할망신과 하르방신 제단의 규모가 엇비슷했을 수도 있다. 충분히 가능한 얘기다. 이런 생각으로 민감한 내 정서를 어루만지려 하지만, 아무리 그래도 그냥 넘기기는 좀 그렇다. 그래서 한마디. 할망신의 위엄을 회복하라!

**그림 34** 〈와흘본향당〉 하르방신 제단. 당굿에 참석한 신앙민들이 제단에 각자 제물을 올리고 있다.

# 그래도 당당한
# 할망신의 위세

## 구좌읍 평대리 〈수데깃당〉

앞 절의 끝마디는 '할망신의 위엄을 회복하라!'였다. 이건 마치 시위의 구호 같은 말이다. 시위의 구호는 분명히 진리값이 있으나, 또 약간은 감정적으로 과장된다.

사실 할망신이 '돗고기 부정'으로 더러더러 쫓겨나는 사례는 성이데올로기의 반영임에는 틀림없다. 그런데도 제주도 신당에 좌정한 신들 중 70% 가까운 신이 할망신이라는 사실[88]은 결코 제주도에서 할망신의 위세가 만만치 않음을 드러낸다. 이런 구체적인 내용을 알고 있는 사람들은 '할망신의 위엄을 회복하라!'는 요구를 지나치다고 반박할지 모르겠다. 그만하면 한국적 상황에

---

[88]  필자는 제주도 신당 346곳의 당신을 대상으로 성별 분류를 한 바 있다. 이에 관한 보다 자세한 내용은 『제주도 민간신앙의 구조와 변용』 113-114쪽 참고.

서, 아니 더 나아가 세계적으로도 여신 비율이 높기로는 둘째가
라면 서러울 정도인데, 무슨 회복을 또 하느냐고 말이다.

맞다. 남성중심의 역사가 진행되어 온 그 시간의 깊이만큼, 세
계적으로 여신의 위세는 별로다. 육지부만 해도 여신의 비율은
고작 11%에 불과하다[89]. 하지만 할망신의 비율이 높다는 사실
에 기대어, 할망신에게 적용한 '돗고기 부정'이 정당화되는 것이
아니잖은가?

좋다. 여성억압적 담론이 역사과정의 한 단면이고, 그러한 역
사가 본풀이에도 반영되었다는 정도로 넘어가도 좋다. 그렇게 넘
어가도 좋을 일을 미주알고주알 따지고 있기에 스스로 '시위의
구호'에 빗대기는 했다. 글 쓰는 사람으로서 지나치게 정직한가?

그런데 구호 운운한 것은 또 다른 반전을 앞두고 부려보는 너
스레이다. 무슨 말이냐고?

간단히 말해서, 돗고기 부정으로 '브름알'로 쫓겨난 할망신들
이 결코 기죽어 있는 것이 아니라 당당하게 신령스러운 위엄을
발휘하고 있다. 신앙민의 입장에서 말하면, 부정이니 쫓겨났느니
하는 말 따위와 상관없이 할망신은 영험한 존재로 변함없이 신앙
된다는 것이다. 서귀포시 보목동 〈조녹잇당〉의 남신에게서 쫓겨
난 큰부인은 이웃동네 토평의 막동골에 좌정하였는데, 마을 사람
들은 할망신의 영험함을 단적으로 '아주 센 당'이라는 말로 표현

---

89)  김태곤, 『한국민간신앙연구』, 집문당, 1983, 231-257쪽 참고.

할 정도이다.

하지만 정작 드라마틱한 얘기는 따로 있다. 구좌읍 평대리 속칭 '수데기'에 좌정한 할망신인 '수데기 서당할망', 바로 돼지 발굽에 고인 물을 빨대를 대어서 빨아먹다가 돼지털이 콧구멍에 박아졌다는 일로 살림을 분산한 그 할망신 얘기다.

이 할망신은 강원도 철산에서 바다를 건너와 신선또를 만나 부부간이 되었다. 이야기 시작에서부터 할망신의 역동성이 드러난다. 그러다가 일곱 애기를 낳고는 돗고기 부정으로 살림을 가르는데, 이 대목이 여타의 경우와 다르다. 여타의 경우에는 하르방신은 좌정했던 자리를 지키고 할망을 '브름알'로 내려서게 한다. 그러나 평대리 부부신은 갈라서면서, 각기 좌정처를 옮긴다. 하르방신은 마을 안 심방 집으로 들어서고, 할망신은 마을 지경(地境) 밖으로 나가 좌정한다. 본풀이[90]에 '고씨 책실(冊室) 큰도한집'이라고 한 것으로 미루어 고씨 성을 가진 심방이 하르방신을 자신의 집에 모신 것이라 짐작된다.

하르방신이 사람 사는 집 안에 들어앉았으니, 위엄이 설 도리가 있으랴. 이에 비해 할망신은 지경 밖이라고는 하나 조용한 곳에 턱 하니 좌정하니, 평대리 사람과 더러는 이웃한 한동리 사람까지 돼지를 잡아 할망신에게 바친다. 얼마나 신앙민들의 정성을 받는가, 얼마나 할망신이 영험한가는 심방들이 구송하는 본풀이

---

90) 진성기, 『무가』, 428쪽.

에 고스란히 담겨 있다.

"… 마흔 여덟 상단골도 굽어보고/ 설흔 여덟 중단골도 굽어보고/ 스물 여덟 하단골도 굽어보고/ 모든 단골의 온갖 정성을 받습니다"
"… 지금도 누구라도/ 어디 아프거나 괴로우나/ 이질 병에 걸렸을 때는/ 이 할망신에게 돼지 잡아 올려야/ 아픔이 풀어지고 병이 낫고 합니다."

이만하면 할망신의 위세는 더 말할 나위 없다. 어디 부정한 할 망신이라 얕잡아 볼 여지가 없다.
한편 고씨집 안방에 모셔졌던 신선또는 원래 돼지고기를 먹지 않던 신이었다. 그러나 사람 사는 집인지라 잔치 및 집안 대소사에 돼지를 잡거나 돼지고기를 먹는 일이 없을 수가 없게 되었다. 난감한 일이다. 부정한 할망신을 피해 옮겨 온 하르방신이 부정한 일을 거듭거듭 겪다니 말이다. 상황이 이러니, 심방집 안에 자리했던 하르방신의 좌정처를 옮길 수밖에. 그런데 어디로 옮길 것인가?
결국 마을 사람들은 하르방신을 할망신이 좌정한 수데깃당으로 옮겼다. 물론 할망신과 나란히 좌정시키지는 않았다. 어디까지나 수데깃당의 주인은 할망신이므로 하르방신은 수데깃당 한쪽에 반 평 남짓한 자그마한 시멘트 집을 지어 좌정시켰다.
할망신을 부정하다고 내몰았던 하르방신이 다시 할망신 곁에서 더부살이하다니! 이것은 참 대단한 반전이다. 할망신과 하르

그림 35 구좌읍 평대리 〈수데깃당〉 전경.

방신의 상황에서 보아도 반전이고, 신의 내력담과 상관없이 하르방신을 할망신 옆에 옮겨놓는 제주 사람들의 당찬 모습 또한 하나의 반전이다. 신에 기대어 살지언정 때로는 현실적 판단에 따라 신의 좌정처를 인간이 결정한다는 점에서 그렇다.

여하튼 수데깃할망의 드라마틱한 스토리를 듣고 보면, 내가 앞에서 너스레라고 한 말이 무슨 뜻인지 감잡힐 것이다. '돗고기 부정'으로 살림을 가른 할망신의 위세가 여전함은 말할 나위 없고 부정하다고 쫓아냈던 하르방신을 자신의 터 안에 더부살이시킬 정도라면, 할망신은 위엄을 회복하고 말고 할 여지도 없이 너무 당당하다.

그러나 최근 묘한 일이 일어났다. 원래 '수데기 서당할망'이 좌정한 〈수데깃당〉은 자연제당이었다. 뒤로는 소나무동산에 의지하고 밭담을 울타리로 삼은 제장에 자연석으로 제단이 조성되어 있는 형태였다. 제장의 서쪽 제단에는 할망신이 좌정해 있고 동쪽에는 산신을 모시고 있었다. 하지만 2006년 신앙민들과 매인심방이 조금씩 갹출하여 사진에 보는 바와 같이 간이주택 같은 당집을 지었다. 노천이라 춥기도 하고, 특히 당 제일에 비가 오면 우산을 쓰고 앉아 비념을 올리곤 했던 터라, 신앙민들은 그러한 불편을 덜고 싶었던 것이다. 그런데 새로 당집을 짓는 과정에서 〈수데깃당〉의 주인이 슬며시 바뀌었다. '신선또'를 모셨던 상자 같은 시멘트집을 헐고 그 자리에 당집을 세우면서 당집 안 제단에 할망신, 하르방신, 산신을 함께 좌정시켰다. 문제는 더부살이하던 하르방신을 제단 한복판에 좌정시키면서 원래 〈수데깃당〉

의 주인인 할망신은 제단 서쪽으로 밀려난 것이다.

이 상황은 신의 내력이 어떠하든 간에 당의 주인 격인 신의 위상을 결코 훼손하지 않던 원칙이 무너진 셈이다. 어쩌면 21세기에 접어든 지금, 그런 원칙을 지켜야 한다는 인식조차 희박해졌는지 모를 일이다. 그러나 이러한 새로운 상황을 크게 비판할 일은 아닌 듯하다. 할망신의 자리가 슬며시 하르방신의 것으로 대치되기는 했지만, 그렇다고 할망신의 위세나 영험이 약화되는 것은 아니지 않는가. 당신앙이 고사되어 갈 것이라는 전망을 함부로 하는 이 시대에, 뜻을 모아 당집을 보다 견고하게 지어내는 신앙민이 있다는 것, 그 신앙민들이 하르방신을 제단 중앙에 모셔놓고도 〈수데깃당〉을 여전히 할망당이라고 부른다는 것에서, 우리는 또 다른 할망신의 당당한 위세를 느낄 수 있기 때문이다.

6장

한 많은
넋을 달래다

# 희생물로 바쳐진
# 어린 소녀

## 성산읍 수산리 〈진안할망당〉

　　　　　　　사람이 나면 누구나 언젠가는 죽지만, 그 나이가 젊을수록 안타깝게 여기는 것은 인지상정이다. 어린아이의 죽음은 안타까운 정도를 넘어 애달프다. 그것도 희생물로서 죽어갔다면, 시·공을 넘어 누구나 그 어린 죽음에 애달픈 연민을 느끼지 않을 수 없다.

　성산읍 수산리 〈진안할망당〉. 수산진성을 축조할 때 희생되었던 어린아이의 넋을 위로하기 위해 마을 사람들이 이곳에 당을 세우고 모셨다고 전해진다. 어린 소녀의 넋이 애잔히 살아 있는 수산진성은 지금 수산초등학교 운동장 돌담으로 사용되고 있는데, 〈진안할망당〉은 수산진성 북쪽 성벽 모서리 담 안쪽, 즉 수산초등학교 교사 동편에 위치해 있다.

　수산진성이 축조된 시기는 세종 21년 1439년이다. 조선조 초기, 왜구의 침입을 대비하기 위해 제주도에서는 읍성, 진성, 봉수(烽燧), 연대(煙臺)의 방어체제를 마련하였는데, 수산진성은 제주도를 빙 둘러 요소요소에 세워진 9개 진성[91] 중의 하나이다.

진성을 축조하는데 어떻게 어린아이가 희생되었을까?

〈진안할망당〉본풀이에 따르면, 침입하는 왜놈을 막기 위해 성담을 쌓았으나 성담은 쌓는 대로 자꾸 무너지기만 했다. 어느 날 꿈에 산신이 나타나, 열세 살 된 처녀를 놓아 담을 쌓으라고 일러주었고, 그대로 한 연후에 성담은 제대로 축조가 되었다고 한다.

내용이 약간 다른 얘기도 전해지는데, 이 얘기는 에밀레종의 비화(悲話)와 거의 유사하다.

성을 쌓을 때 주민들이 부역을 하고 공출을 내었는데, 한 여인이 공출을 하지 못하자 관리가 여인의 집에 찾아가 독촉을 한다. 그런데 방 안에서 아기가 울자 여인은 아기라도 데리고 가라고 한다. 관리는 어이없어 그 집을 나왔다. 그 후 축성작업이 이유 없이 늦어져 걱정하는 중에, 지나가던 스님이 "왜 주겠다던 원숭이띠 아기를 받아다가 바치지 아니하시오?"라고 말한다. 그제야 공출 관리는 여인의 집에 가 아기를 달라고 하고 여인은 아무 말 없이 아기를 내놓는다. 아기를 묻고 성을 쌓아서 수산진성이 완성

---

91)  9개 진성은 화북진, 조천진, 별방진, 수산진, 서귀진, 모슬진, 차귀진, 명월진, 애월진이다.

된다. 이후 밤마다 아기 우는 소리가 들려서 사람들이 불안해했는데, 동네 한 부인이 그 자리에서 제사를 지내고 퇴물을 놓아두자 아기 우는 소리가 멈췄다. 이후 영험이 좋아 당이 되었다.[92]

두 얘기는 희생이 된 어린 여자아이의 나이만 다를 뿐, 그 외 내용은 같다. 하기야 갓난아기 혹은 열세 살 여자아이라는 차이가 무슨 큰 의미가 있을까. 중요한 것은 어린 생명을 제물로 바쳤다는 애달픈 사건이다. 그 사건을 통해 희생제물이 되었던 어린 생명은 '진안할망'이라는 신격을 얻게 된다.

〈진안할망당〉 본풀이는 이렇게 시작된다.

> "진앙할망은 성담쏘곱에 할망을 놓안 성을 쌓난 진안할망이엥 홉니다.(진안할망은, 성담 속에 할망을 놓아 성을 쌓으니, 진안할망이라 합니다.)"

여기서 '할망'이란 신격에 붙이는 극존칭의 의미이다.

당의 내력대로라면, 진안할망은 희생제물이 됨으로써 대업을 이루게 하고, 다시 당신이 되어서 편치 못한 사람들을 편안하게 해 주는 영험을 보이는 셈이다. 그런데 여기에는 합리적 사고로는 설명하기 어려운 비약, 즉 희생제물이 된 나약한 존재가 급기야 신적 영험을 보이는 존재로 바뀌는 반전이 일어나고 있다.

---

92)  수산리원로회, 『수산리지』, 1994, 141-142쪽.

**그림 36** 〈진안할망당〉 근경.

그러나 이런 반전, 변환이 비논리적인 설정은 아니다. 오히려 초월적 세계, 우주적 생명의 세계에 관한 메타포가 숨 쉰다. 보라. 희생제물이 된다는 것은 이미 신적인 세계에 돌입하는 통로이다. 그래서 인간의 입장에서는 제물이지만, 제물로 바쳐지는 순간, 그 희생제물은 이미 신적 생명 내지 신적 질서에 편입해 있다. 말하자면 신력(神力)을 획득하는 것이다. 이러한 신력은 단순히 한을 풀지 못해 떠도는 영혼, 즉 원귀가 가진다고 상정하는 어떤 힘에 비한다면, 그 순수성 및 강도(强度)에 있어서 상당히 다른 힘일 것이다.

그림 37 〈진안할망당〉으로 들어가는 입구 올레.

그래서 문득, 〈진안할망당〉으로 들어가는 올레[93]가 예사롭게 느껴지지 않는다. 너무 좁아 혼자 걷기에도 넉넉지 않은 올레, 이 좁은 올레에 놓인 돌들을 디디며 수백 년 동안 얼마나 많은 사람이 진안할망의 영험을 기원하였을까. 남모르는 시간에 조심스레 이 올레를 디디고 올라 진안할망에게 마음의 무거운 짐을 내려놓고는 또 얼마나 간절한 기대를 안고 이 올레를 내려섰을까. 이 올레에 새겨진 보이지 않는 시간, 그 숱한 사연의 역사를 어떻게 가늠할 수 있을까.

지금도 오밤중에 이 올레를 디디고 오르는 이들이 많다고 한다. 수산리 사람만 다니는 것이 아니다. 수산리 인근은 물론이고 심지어는 제주시에서까지 편치 못한 자신의 문제들을 들고 이곳에 온다. 특히 이 당이 입시, 취직에 효험이 있는 당이라 알려져 더 많은 사람이 다닐 것이다. 〈진안할망당〉 안에 퇴물들이 어지럽게 널려 있는 것은 사람들이 많이 다닌다는 단적인 증거이다. 음식 찌꺼기가 많은 탓인지, 당 주변에는 늘 제 집인 양 돌아다니는 고양이들이 있다. 영험 좋은 진안할망 그늘에서 고양이까지 기대어 사는 셈이다.

---

93)    골목을 뜻하는 제주어.

# 해마다 새 옷으로
# 단장하는 신목

## 성산읍 신천리 〈현씨일월당〉

모든 신당에는 신체(神體)로 관념하
는 것이 있다. 신체란 신이 머무는 곳이요, 신의 몸체로 상징되는
것이다. 그중에는 신석(神石), 신물(神物), 신상(神象) 등 다양한 형태
의 신체가 있으나, 제주도 전체로 보면 신목(神木)을 신체로 삼는
경우가 가장 많다. 제주도뿐 아니라 세계적으로 큰 나무를 신목
혹은 우주목으로 상징하는 것은 보편적이다. 실제로 수령이 오래
된 큰 나무는 보는 이로 하여금 경외감을 불러일으킨다. 더욱이
제주도 신당에서 더러 만나게 되는 커다란 팽나무, 가지를 뻗어
스스로 조형미를 만들어내는 팽나무는 온몸으로 생명감을 발산
하는 듯 신령스럽다.

그런데 거창한 나무도 아니면서 신령스러운 느낌을 주는 신
목이 있다. 성산읍 신천리 〈현씨일월당〉의 신목이 그렇다. 길쭉

그림 38 성산읍 신천리 〈현씨일월당〉.

하게 생긴 제장 안쪽, 곧게 뻗은 나무에 치마저고리가 입혀져 있다. 어느 해에는 붉은 치마, 연두색 저고리에 붉은 끝동을 곱게 단 옷을 입었더니만, 또 어느 해에는 노랑 치마에 붉은 저고리로 갈아입었다. 매년 새 옷을 덧입혀 몇 겹이나 되는 치마는 두툼한 볼륨을 만들어내어, 나무에 옷을 입힌 모양새가 어색하지 않다. 아니, 나무가 옷을 입은 것이 아니라 고운 치마저고리를 입은 처녀가 나무가 된 듯하다.

나무가 되어 시간을 정지시키고 있는 처녀신, 현씨일월.[94] 분명 애달픈 사연이 있을 터이다. 그런데 그 애달픈 사연이 구송자(口誦者)에 따라 약간 다르다. 간략하게 줄거리만 정리해 보자.

### 〈내력담 1〉

아버님은 현씨, 어머님은 고씨인 현씨 애기. 심방 될 몸으로 태어나 세 살에 죽었다가 일곱 살에 되살아나, 열다섯에 심방이 되는 굿을 했다. 현씨 애기씨의 오빠가 서울에 과거 진상 갔다 오다가 모진 광풍에 파선이 되어 바다에서 죽었다. 그 후로 밤이나 낮이나 오빠가 부르는 소리, 외치는 소리가 들려, 현씨 애기씨는 "나는 살아 무엇 하리오."라고 하면서 천미 연대[95] 아래로 뚝 떨

---

94) '일월'은 조상이라는 뜻으로 무속의 용어이다.
95) 신천리에 있는 연대(川尾燃臺). 신천리를 끼고 흐르는 개천이 천미천인데, 그 이름을 따서 천미연대라고 한다. 1976년에 제주도기념물 제23-3호로 지정되었다. 하부 7.8m×7.9m, 상부 7.2m×7.4m, 높이 3.6m이다.

어져 죽었다. 그때 현씨 애기씨의 나이는 열아홉이었다.[96]

〈내력담 2〉

현씨 애기 심방 될 몸으로 탄생하여 세 살에 죽었다가 일곱 살에 되살아나, 열다섯에 심방이 되는 굿을 했다. 열아홉에 연대가 있는 동네에서 밤에는 금바랑, 낮에는 옥바랑을 소리치다가 삼천 군병에 채여서 연대 아래로 떨어졌다. 현씨 애기씨의 오빠는 서울로 진상하러 가다 오다가 바다에서 모진 광풍을 만나 파선하였다. 부르는 소리 외치는 소리에, (현씨 집안에서는) 김씨 선생을 불러다가 식나무 밭에 당을 설립하였다.[97]

〈내력담 3〉

옛날, 현씨 집안에 딸이 하나 있었는데, 세 살에 병이 들어 죽을 듯하다가 살아나고, 또 십오 세에 신병이 들어 겨우겨우 열아홉에 살아났다. 그녀에게는 오빠가 둘 있었다. 오빠들은 양반의 가문보다 여동생의 목숨이 중요하다고 생각했다. 아무래도 동생의 병은 심방 노릇을 해야 나을 병이라, 오빠들은 동생을 살리기 위해 육지로 심방 옷을 마련하러 떠났다.

오빠들이 육지로 나가 동생의 옷을 해 입힐 옷감을 구하여 돌

---

96)  진성기, 『무가』, 446쪽.
97)  진성기, 앞의 책, 446-447쪽.

아오는데, 배가 곧 성산면 신천리 포구에 당도할 즈음에 갑자기 광풍이 불어 배가 파산되고 만다. 동생의 목숨을 구하기 위해 먼 길 육지까지 다녀오던 오빠들이 바다에 빠져 세상을 버린 것이다. 이 소식을 들은 현씨 애기씨는 "나는 살아 무엇하리오." 하면서 바다에 빠져 죽었다.[98]

〈내력담 4〉

현씨 애기씨는 밤에는 불 켜진 집, 낮에는 연기 나는 집으로 심방질을 다니다가, 열다섯에 심방 되는 큰 굿을 하고 열아홉 살에 죽었다. 그 시신을 녹고모르[99]에 놔두니, 밤에는 금바랑 옥바랑 소리가 들렸다. 그러나 아무도 아는 척을 하지 않으니 현씨일월은 현씨 집 지붕에 올라 밤낮으로 소리하였다. 그래도 아는 척 하는 사람이 없다가, 삼 년 만에 (현씨 집안에서는) 김씨 심방을 불러 연대 아래로 현씨일월을 모셨다. 현씨 집안에서 상단골이 되어 모시니 집안 형편이 확 펴지므로 신천리 전 마을이 단골이 되어 위하게 되었다.[100]

---

98) 진성기, 앞의 책, 447-448쪽.
99) 신천리 웃동네 남쪽에 있는 산.
100) 진성기, 위의 책, 448쪽.

이 네 가지 내력담을 그 중심 줄거리를 따라 비교해 보자.

| 구분 | 내력담1 | 내력담2 | 내력담3 | 내력담4 |
|---|---|---|---|---|
| 현씨일월의 신병 | 신병 앓음 | 신병 앓음 | 신병 앓음 | 신병 앓음 |
| 입무(入巫) 여부 | 열다섯에 입무 | 열다섯에 입무 | 양반가문이라 심방 못 함 | 열다섯에 입무 |
| 오빠의 육지행 | 진상하러 감 | 진상하러 감 | 심방 옷 구하러 감 | × |
| 죽음의 선후 | 오빠 → 현씨 애기 | 현씨 애기 → 오빠 | 오빠 → 현씨 애기 | 현씨 애기 |
| 현씨일월 몰년 | 열아홉 | 열아홉 | 열아홉 | 열아홉 |

네 가지 내력담의 공통요소는 현씨일월이 신병을 앓았다는 것과 열아홉의 나이에 죽었다는 것이다. 이 점 외에 4가지 내력담의 전개는 사뭇 다르다.

오빠의 죽음에 대한 충격(혹은 상실감) 때문에 현씨일월이 죽음을 선택하였다는 내용은 내력담 1과 내력담 3이다. 게다가 내력담 1에서는 오빠가 바다에서 죽게 된 것은 현씨일월과 무관하다. 그런 점에서 내력담 1과 3은 오누이의 특별하고도 애틋한 정을 강조하고 있는 셈이다. 이에 비해 내력담 2는 오빠의 죽음을 경험한 연후에야 현씨일월을 위한 당을 설립하였다는 내용으로 볼 때, 오빠의 죽음이 현씨일월 때문인 것으로 해석하고 있다. 즉 열아홉에 죽은 현씨일월의 한이 오빠의 목숨을 앗아갔다고 해석하여, 그 한을 달래주기 위한 당을 설립한 것이다.

또 내력담 3을 제외한 다른 내력담에서 현씨일월은 이미 열다섯에 심방이 되는 굿을 하였다. 따라서 오빠가 육지로 나가게 된 이유가 현씨일월과는 무관하다.

이렇게 네 가지 내력담을 분석해 보면, 유난히 내력담 3만 문화적 가치체계가 다르다. 즉 내력담 1, 2, 4는 그 내용 전개가 무속적 사유에 기초해 있는데, 내력담 3은 유가적 사유가 개입되고 있다.

그런데 최근 제주도 신당에 대한 관심이 높아지면서 독특한 외형을 보이는 〈현씨일월당〉도 관심의 대상이 되곤 하는데, 그 내력담은 대개 내력담 3을 취하고 있다. 왜일까? 내력담의 구성이 보다 드라마틱하기 때문에? 그럴 수 있겠다. 심방으로 타고난 사람이 심방이 되었다는 줄거리보다 양반 가문의 압력으로 심방이 되지 못했다는 것이 훨씬 애절하고 극적이다. 게다가 동생에

**그림 39** 화가 현충언의 작품 〈현씨일월〉.

대한 오빠의 헌신 그리고 죽음이라는 극적인 요소가 듣는 이의 심금을 울리기에는 훨씬 낫다. (그래서 심방옷을 입지 못하고 죽은 현씨 일월에게 옷을 해 입히는 행위는 더욱 그럴싸하다.)

그래서인가, 제주도의 현충언 화백은 현씨일월의 애절한 사연 그리고 오누이 간의 애틋하기 그지없는 사랑을 그림으로 표현했다. 전시회에서 많은 사람이 바다를 향한 현씨일월의 눈빛, 물에 젖어 몸에 착 달라붙은 옷을 표현한 작가의 터치를 애깃거리로 삼았는데, 정작 현 화백은 도무지 떼어낼 수 없는 오누이의 애틋한 사랑을 몸에 착 달라붙은 옷으로 표현하려고 했다고 한다. 아마도 현 화백도 극적인 내력담에 감동했음에 틀림없다.

다른 이유도 있을 법하다. 제주사회의 생활문화에 유가적 가치체계가 많이 융합된 상황에서 내력담 3은 오히려 사회적 적합성이 높다. 그래서 내력담 3이 더 편안하게 수용되는 것이 아닐까?

하기야 아무려면 어떨까. 중요한 것은 열아홉의 꽃다운 나이에 죽은 현씨 애기의 영(靈)을 위로하기 위해 당을 설립하였고, 그리하여 현씨 애기는 현씨 집안의 일월 즉 조상님으로 모심을 받았으며 나아가 신천리 마을 주민들의 모심을 받았다는 사실 아닌가.

그런데도 분명 〈현씨일월당〉은 우리의 흥미를 끈다. 먼저 그 내력담이 실제 사건담일 것이라는 확신을 준다는 점이다. 신천리의 설촌 씨족들이 현(玄)씨, 고(高)씨, 최(崔)씨였고, 그중 현씨가 주성을 이루어 왔다는 점, 제주도내 현씨 집안에서 얼마 전까지만 해도 제사 및 명절 때 현씨일월을 위한 상을 고팡[庫房]에 따로 차렸다는 증언들, 신·하천리 사람들이 굿을 할 때는 현씨일월 몫으로 공시상을 따로 차린다는 본풀이 내용으로 볼 때, 현씨일월을 실존 인물로 추정하는 것은 가히 틀리지 않을 듯하다. 어쩌면 현씨일월에 관한 얘기가 더욱 애달프게 느껴지는 것은 듣는 이들이 그 얘기를 실화로 받아들이기 때문인지 모른다.

게다가 단연코 흥미를 끄는 요소는 나무가 치마저고리를 입고 있다는 점이다. 나무에 치마저고리를 입히는 행위, 이것은 고대적인 사고방식인 파르스 프로 토토(pars pro toto), 즉 부분은 큰 것 혹은 전체를 반영한다는 사고방식이다. 한 벌의 옷이 현씨일월 그 자체, 병고와 마음의 고통으로 얼룩진 현씨일월의 전체 인격 그 자체를 의미하는 것이다. 이 얼마나 공감적인 사고방식인가. 그러기에 21세기 첨단과학의 시대를 살고 있는 우리도 고운 옷을 입고 서 있는 나무에서 현씨일월에 대한 애틋함을 느끼는 게 아니겠는가.

# 남자들이
# 쳐다볼 수 없는 당

## 조천읍 신흥리 〈볼래낭할망당〉[101]

조천읍 신흥리 바닷가, 볼래낭[102]
을 에워싸고 있는 정겨운 돌담, 바로 〈볼래낭할망당〉이다.

신흥리 할머니들이 〈볼래낭할망당〉에 대해 주고받는 애기를
잠시 엿듣자.

"볼래낭할망 성이 박씨주."

"왜놈이 할망을 겁탈ㅎ잰 했주게."

"게난, 열다섯에 겁탈 당하잰 ㅎ는, 살아질커라게!"(그래, 열다섯 살

---

101)  볼래낭할망당은 조천읍 신흥리 신흥어촌계 건물 바로 뒤편 바닷가에 있다.
　　　 육아치병신으로서 일뤠당 계열이다.
102)  볼래낭은 보리수나무를 일컫는 제주어이다.

에 겁탈당할 지경이 되니, 살 수 없었을 게야!)

"그, 왜놈이 아니라 육짓놈이주."

"왜놈이나 육지놈이나, 그놈이 그놈입주."

"무사, 아니라게!"


볼래낭할망을 겁탈한 것이 왜놈인지, 육지놈인지 도무지 알 길은 없다. 신흥리의 옛 이름이 왜포(倭浦)라고 했다 하니, 왜놈일 가능성이 높다. 하지만 그것이 무슨 큰 의미가 있겠는가. 얼마나 애통하고 억울한 죽음인지가 중요한 것이다. 열다섯 살밖에 안 된 박씨 처녀가 마을 바닷가에 파래를 매러 갔다가 겁탈을 당할

그림 40 조천읍 신흥리 〈볼래낭할망당〉.

뻔했고, 볼래낭 아래까지 도망쳐 와서는 너무 놀란 나머지 기진하여 그 자리에서 죽었다.[103] 어찌 억울하지 않을 수 있으랴.

신흥리 할머니들의 목소리가 느닷없이 높아진다. 살아오면서 얼마나 많이 볼래낭할망인 박씨할망의 내력담을 듣고 또 말했을까. 그런데도 여자이기 때문에 겪었던 볼래낭할망의 사연은 여자에게는 늘 현재적 사건으로 되살아나는 듯하다. 마을 바닷가에서 편안한 마음으로 파래를 매고 있던 어린 처녀가 낯선 남자의 위협에 얼마나 놀랐을까. 또 얼마나 두려웠을까. 보리수나무까지 도망쳐 오던 그 걸음걸음은 얼마나 힘들었을까. 얼마나 몸부림을 쳤기에 그 자리에서 죽었을까. 신흥리 할머니들은 박씨할망이 겪었을 고통을 세월을 건너뛰어서도 생생히 다시 느끼기에 목소리가 절로 높아지는 것일 터이다. 그야말로 공감 혹은 추체험(追體驗).

한 할머니는 비밀스럽고 두려운 애기를 몰래 들려주는 사람처럼 얼굴을 바짝 앞으로 내밀며 소리조차 낮추며 말한다.

"할망이 죽은 그 자리에 당을 설립했주."

"경흐난 남자들이 할망당엘 가질 못하는 겁주. 할망이 남자를 미워흐는."(그러니까 남자들이 할망당에 가질 못하는 거야. 할망이 남자를 미워하니까.)

그랬다. 열다섯 고운 나이에 몹쓸 남자 때문에 죽어간 박씨할망, 애통한 한을 지닌 할망의 영(靈)이 죽은 자리를 떠나지 못하고

---

103)  진성기, 『무가』, 364쪽.

있다고 믿었기에, 죽음의 자리에 마련한 당이 바로 〈볼래낭할망당〉이다. 이런 터이니, 이 당에는 어떤 남자도 얼씬거릴 수 없거니와, 당 앞을 지날 때라도 남자는 당 쪽으로 고개조차 돌려서는 안 된다.

남자는 당을 쳐다보는 것조차 안 된다는 금기, 그것은 남성의 폭력성에 노출될 위험성을 늘 느끼는 여성들이 공감적으로 만들어낸 상징적 처벌 아닐까? 또 그것은 어떤 여자라도 박씨할망과 같은 고통을 겪는 일이 없어야 한다는 상징적 경고 아닐까?.

〈볼래낭할망당〉의 내력을 듣고 보면, 문득 '세상은 죽음을 먹고 산다.'는 누군가의 말이 새삼 떠오른다. 그 말의 뜻이야 여러 겹일 것이다. 인간 세상이 지속되는 이치이기도 하고 세상 만물이 변화하는 이치이기도 하다. 그러나 뭐, 그리 거창한 세계까지 들먹이지 않아도 좋다. 볼래낭할망만 보아도 세상이 얼마나 죽음을 먹고 사는지, 죽음에 기대어 사는지 드러난다. 볼래낭할망의 비통한 죽음이 살아있는 자들에게는 오히려 제액(除厄)의 힘이다. 박씨 처녀의 한 많은 넋은 곧 〈볼래낭할망당〉의 박씨할망신으로 재생되고, 그 할망신에 기대어 신흥리 자손들이 삶을 이어가고 있으니, 이야말로 '죽음을 먹고 사는 세상' 아닐 수 없다.

그런데 이런 애절한 사연이 있는 〈볼래낭할망당〉이 지금은 마을 본향당으로 알려져 있다. 〈볼래낭할망당〉의 당신인 박씨할망이 본향신이 된 것은 아니다. 원래 신흥리 〈본향당〉은 속칭 '동산밧'에 있었다. 일제강점기 때 본향당인 〈동산밧당〉이 허물어져 버렸다. 그 후 4·3사건 당시 토지지관인 본향신을 〈볼래낭할망당〉에 합당하였다. 아마도 4·3의 그 질곡 속에서 본향신의 영험에 의지해야 할 심정적 필요성이 있었을 것이다.

여하튼 서열적으로 본다면 토지지관인 본향신이 상위신이긴 하지만, 〈볼래낭할망당〉의 주인은 박씨할망이기 때문에, 할망 제단 좌측에 작은 궤를 마련하여 토지지관의 좌정처로 삼고 있다. 따라서 이 당에 비념하러 가는 이들은 '메도 두 그릇 채소도 두 그릇/ 종이도 댓장 ᄒᆞ영 강' 토지지관에게 먼저 메를 올린 후 박씨할망에게도 메를 올린다.

지금 박씨할망이 좌정한 〈볼래낭할망당〉 앞으로 해안도로가 개설되어 있어, 박씨할망이 파래를 매던 바닷가 풍경은 얼른 눈에 잡히지 않는다. 그런 만큼 굳이 내력담을 새기지 않는다면, 바닷가 어느 집 담벼락에 기대 있는 〈볼래낭할망당〉은 절절한 한을 지닌 할망신이라기보다는 그저 동네 후손들 걱정스러워 살던 땅 떠나지 않고 지키는 정 많고 덕 많은 할마님이 계신 곳처럼 보인다.

# 7장

# 신상(神像)을
# 지켜라

# 우리 마을 지키는
# 부처님

## 성산읍 수산리 〈울뢰모루하로산당〉

성산읍 수산1리 속칭 울뢰모루에
자리한 〈하로산당〉은 수산1리, 수산2리, 고성리, 오조리, 동남리,
성산리, 6개 마을의 본향이다. 대개 한 마을 단위로 본향당이 있
는 것에 비한다면 6개 마을이 공동으로 하나의 본향을 섬긴다는
것은 아주 특별한 경우이다.[104]

근래에는 마을의 본향당이 없어지면서 이웃 마을의 본향당에
다니는 경우가 있다. 서귀포시 회수동의 신앙민들이 중문동의
〈불목당〉에 다니는 경우, 또 한경면 신창리, 용수리의 신앙민들

---

[104] 이와 유사한 경우는 서귀포시 보목동의 〈조녹잇당〉인데, 이 당의 당굿에는
보목동, 토평동, 하효동 신앙민들이 참석한다.

이 두모리의 〈거머들당〉에 다니는 경우 등이다. 그러나 〈울뢰무루하로산당〉을 6개 마을이 섬기는 것은 〈불목당〉이나 〈거머들당〉의 경우와는 달리, 이들 6개 마을이 역사적으로 전승된 신앙 공동체이기 때문으로 추정된다.

왜 이런 추정을 하는가? 무엇보다 수산리가 고촌(古村)이라는 점, 원이 탐라를 지배하면서 1276년에 최초로 수산평에서 목양(牧養)을 하였다는 사실[105], 고성리는 1423년에 정의현청이 성읍리로 이설되기 전까지 정의현청 소재지였다는 점 등으로 미루어볼 때, 현재 수산리를 비롯한 6개 마을은 고촌인 수산리로부터 점차 마을이 확대되면서 신앙도 함께 이어온 것이라 추정된다.

그러나 그 정확한 내력을 어떻게 알 것인가? 13세기는 고사하고, 조선조 후기 상황도 제대로 기록된 것이 없는데 말이다. 겨우 구전에 의해 〈본향당〉이 여러 번 옮겼고, 1901년 제주민란[106] 때에 〈본향당〉이 소실된 이후, 울뢰무루에 재건되었다는 정도만 알 따름이다. 중요한 것은 언제부터 시작된 일인지도 모르는 채, 6개 마을이 한결같이 하나의 본향을 모신다는 것, 이렇듯 독특한 신앙공동체가 존재한다는 것 아닌가. 이런 특별함 때문에 이 당

---

105) 『濟州道誌』 제1권, 제주도, 1993, 755쪽 참고.
106) 조세 징수관의 작폐, 탐관오리의 폐단, 불량한 천주교인의 행패에 대항하여 제주도민이 봉기한 사건이다. '이재수의 난'으로 알려져 있다. 사건을 보는 입장에 따라 신축민란, 신축교난, 신축교안 등으로 불린다.

은 2005년 4월에 제주도 민속자료로 지정되었다.[107]

그런데 〈울뢰ᄆ루하로산당〉의 외형은 제주도 민속자료라는 타이틀에 걸맞지는 않다. 콘크리트벽과 슬레이트 지붕 등 그 외관이 너무 '새마을스럽'기 때문이다. '새마을스럽다'는 말이 어법에 맞기나 한가? 어쨌든 "초가집도 없애고 마을 길도 넓히고…"라던 노랫말 그대로 1970년대 새마을운동 때, 초가집을 허물면서 지었던 시골집 모양과 너무 닮았다. 실제로 이 당집은 원래 초가집이었는데 1971년에 개수하였다고 한다. 얼핏 외관만 본다면, 영락없는 밀감밭 관리사이다. 그래서 제주도 신당에서 뭔가 모를 신비한 분위기를 기대하는 사람들은 〈하로산당〉의 외관에서 맥이 빠지고 만다.

그런데 제주도 신당 중에는 당집을 지어 당으로 관념하는 경우도 더러 있다. 당집의 규모는 제각각이다. 겨우 비가림을 할 수 있을 정도의 규모가 있는가 하면, 수십 명이 함께 앉을 수 있을 정도의 큰 규모도 있다. 비가림 수준의 당집은 대개 당집 주변에 수목이 무성하거나 신앙민이 제장으로 인식할 만한 별도의 공간이 있다. 반면 당집의 규모가 큰 것은 주변에 수림이 있는 경우에도 신앙민들은 당집을 제장으로 인식할 뿐, 당집 밖의 공간은 제장으로 인식하지 않는다. 수산리 〈울뢰ᄆ루하로산당〉은 당집의 규

---

107) 2005년 4월 제주도 민속자료로 지정된 당은 성산읍 수산리 울뢰ᄆ루하로산당 및 조천읍 와흘리 본향당, 구좌읍 송당리 본향당, 제주시 회천동 새미하로산당, 제주시 월평동 다라쿳당이다.

**그림 41** 수산 본향 〈울뢰ㅁ루하로산당〉.

모로는 큰 편에 속한다. 그래서 제주도 신당을 두루 돌아본 사람이라면 〈하로산당〉의 외관에서 섣불리 실망하기보다는 이 당을 중심으로 얼마나 많은 사람의 마음이 하나로 결집되고 있는가에 더 주목하게 된다.

실제로 이 당집에 문이 열리는 날, 즉 당의 제일[108]에 이곳은 장엄하다. 이날에는 이른 새벽부터 6개 마을에서 제각기 마련한 제물을 들고 울뢰므루로 오는 걸음들이 소리 없이 이어진다. 그들 각자는 조용조용히 당집 안으로 들어가 자리를 잡는데, 그 자세가 경건하기 이를 데 없다. 물론 어느 본향당 제일인들 경건하지 않으랴마는, 이 〈하로산당〉을 찾는 신앙민의 모습은 거의 사찰 법당을 들어서는 모습과 닮았다. 불교도들이 법당의 정면 문으로 출입하지 않는 것처럼 당집 정면 중앙문의 출입을 삼간 채 옆문으로 다닌다. 뿐만 아니라 이 당집의 정면 제단에는 법당에 불상이 모셔진 것처럼 신상이 모셔져 있다.

신상이라고는 하나 조형적인 목각이 아니라 나무판에 옷을 입혀놓은 목(木)신상이다. 그것도 머리 부분이 없다. 그래서 두꺼운 방석 위에 앉혀져 있는 부부신의 모습은 마치 투명인간에게 옷을 입힌 듯하다.

예술적 조형미 있는 불상들을 꽤나 보아왔던 사람들 눈에 이 두 신상은 조잡해 보일지도 모른다. 혹은 목이 없는 신상에서 섬

---

108) 〈하로산당〉의 대제일은 음력 1월 2일 신과세제, 2월 13일 영등제, 7월 8일 마불림제, 11월 14일 시만국대제이다.

뜩한 느낌을 받을지도 모른다. 하지만 경건하고도 편안한 모습으로 신상을 마주 대하고 앉아 있는 신앙민들을 보노라면, 목 없는 신상은 오히려 위엄과 친근감을 동시에 느끼게 한다. 묘한 일이다.

신앙민에게 목 없는 신상은 그 자체가 영험함이다. 1970년경 미신 타파라는 말이 떠돌 즈음에, 입대를 앞둔 동네 젊은이들이 장난삼아 신상의 목을 빼어갔고, 그 후 그런 장난을 쳤던 젊은이들이 죽었다 한다. 이쯤 되면 신앙민은 당신의 영험함에 전율을 느끼지 않을 수 없었을 것이다. 신상을 마주하고 앉아 있는 나이

**그림 42** 〈울뢰ㅁ루하로산당〉의 신상.

든 신앙민은 목 없는 신상을 서슴없이 '마을 지켜주는 부처님'이라고 말한다.

그렇다. 이들에게 불교나 무속 따위의 구별이 무슨 의미가 있을 것인가? 실제로 당굿에 참여하는 신앙민 대다수가 사월 초파일에는 사찰에 가서 축원하는데, 이들에게 사찰에 있는 불상과 〈하로산당〉에 있는 신상 사이에 무슨 차이가 있을까? 온 가족의 제액초복을 비는 마음은 똑같은데 말이다.

그런데 막상 당굿이 시작되면, 당신에 대한 신앙민들의 호칭은 일시에 통일된다. 〈하로산당〉의 신은 부처님이 아니라 '조상님'인 것이다.

심방이 분부사룀109)을 할 때면, 신앙민들은 두 손을 모아 앉은 채로 연신 절하며 조상님을 부른다. 심방이 흉사를 말할 때는, 이구동성으로 "조상이 막아줍소. 조상님께서 막아줍소."라고 하다가, 또 걱정거리를 덜 만한 말을 하면 "조상님, 고맙수다, 고맙수다."를 연발한다.110)

넓은 당집 안에 가득 앉은 신앙민, 6개 마을에서 온 제각각의 사람들이 간절한, 그러나 요란스럽지 않은 소리로 조상님을 부르

---

109) '분부사룀'은 '신령의 분부를 사뢰어 올린다.'는 뜻이다. 심방이 굿에서 점을 친 결과를 단골에게 전달하는데, 이때 그 내용은 심방의 말이 아니라 신의를 대변하는 말이다.

110) 성산읍 수산리 〈울뢰ᄆᆞ루하로산당〉의 당굿 장면에 관한 보다 자세한 묘사는 『제주도 민간신앙의 구조와 변용』 190-196쪽 참고.

는 모습을 상상해 보라. 그들을 누가 하나의 자손이라 하지 않겠는가.

6개 마을이 통합적으로 모시는 본향이기 때문에 '분부사룀'은 마을 단위로 순서를 정하여 한다. 순서는 수산1리, 수산2리, 고성리, 동남리, 오조리, 성산리이다. 아무래도 〈하로산당〉이 위치해 있는 수산1리가 먼저이다. 이렇게 마을별로 순서를 정하여 절도 있게 당굿을 치르는 모양이 마치 의좋은 형제들 같다.

이제 〈울뢰ᄆ루하로산당〉이 제주도 문화재로 지정되었으니, '마을 지켜주는 부처님'이신 신상이 더 이상 훼손되는 일이 없겠지만, 그래도 염려되지 않는 바는 아니다. 혹시 도지정문화재라는 위상에 걸맞게 신당을 연출하느라고 멋진 신상을 새로 만들지는 않을까? 그런 웃기는 일은 제발 없어야 할 것이다.

# 설촌(設村)자의 집터에 앉은 황서국서어마장군님

## 성산읍 삼달리 〈웃카름당〉

제주도 신당을 답사하다 보면, 아예 주저앉아 살고 싶은 소담스러운 곳이 더러 있다. 그곳은 신이 계신 곳이라기보다는 사람 사는 냄새가 물씬 나는 그런 곳이다. 성산읍 삼달리 본향당인 〈웃카름[111]당〉이 바로 그런 곳이다.

〈웃카름당〉 입구에 서면, 풀숲 사이로 얌전스레 뻗어 있는 올레가 마치 산속 호젓한 오솔길을 마주한 듯하다. 두어 사람 나란히 걸어 들어갈까 말까 한 올레를 타박타박 디디고 들어가면, 문득 널찍한 마당이 편안하게 펼쳐진다. 그 마당 안쪽으로 키 큰 나무들에 둘러싸인 두어 칸짜리 집 한 채가 고즈넉하다. 〈웃카름당〉이다.

---

111) 웃-카름은 윗-마을의 제주어이다.

**그림 43** 삼달리 〈웃카름당〉의 마당: 마치 어느 집 마당에 들어선 느낌이다. 사진 속 인물은 제주무속문화연구회 회원인 신순영 선생님이다.

누가 봐도 이곳은 영락없는 집터이다. 어떻게 집터에 당이 들어섰을까?

삼달리 마을 약사에는 "지금으로부터 약 350여 년 전 조선 인조(1623~1649) 시대에 지금 마을제를 지내고 있는 본향당을 중심으로 경주김씨, 청주한씨, 진주강씨, 제주고씨 성을 가진 사람들이 5, 6여 호의 가구를 이루어 살았는데 크게 번창하지는 못했다."[112]고 적혀 있다.

전해오는 얘기로는 경주김씨가 황서국서어마장군에게 제를 지내며 모시기 시작했고, 김씨가 죽자 강씨가 모시기 시작하면서 황서국서어마장군은 마을수호신인 본향당신이 되었다고 한다. 전해오는 얘기라고는 하지만, 얘기의 내용으로 볼 때, 아무래도 김씨하르방은 설촌 당시의 실존인물이다. 게다가 그 김씨하르방의 자손이 현재 삼달2리에 살고 있다고도 하지 않는가. 그렇다면 현재의 〈웃카름당〉은 김씨하르방의 집터인가? 아니면 김씨하르방이 제를 지내던 식나무밭에 다시 집터처럼 본향당을 조성했을까?

정확한 사정이야 알 도리 없으나, 1970년대 초 삼달리 출신 재일교포의 기부로 당을 꾸몄다고 한다. 연유야 어떻든 실존인물에 얽힌 이야기가 있고, 또 그 옛터에 시골집 같은 신당이 있다는 사실은 흥미롭다. 게다가 본향당 내력담은 더욱 흥미롭다. 그야말로 삼달리편 '전설의 고향'이다. 내용은 이렇다.

---

112)  http://jejuvill.net/jejutown/domain-root/4311/ 성산읍 삼달1리 참고.

황서국서어마장군은 황정승의 셋째 아들이다. 그는 죽어가는 아버지를 살리기 위해 소를 잡아 스스로 백정 노릇을 한다. 아버지는 살아났으나, 양반의 신분으로 상놈의 일을 한 자신이 부끄러워 부모에게 죽기를 간청하였다. 황정승은 그를 상자에 가둬 바다에 띄웠고, 제주도로 떠내려온 혼은 먹을 곳을 찾다가 삼달리의 김씨 영감에게 의탁하게 된다.

그런데 이 내용이 심방의 입에서 입으로 구송되면서 훨씬 드라마틱하고 맛깔스런 신화가 된다.

우선 황정승의 셋째 아들은 황서국서어마장군이라는 신명으로 등장하고, 그런 만큼 황정승은 황서나라로 불린다. "서울 장안 황서나라에 병이 나서…"로 시작하는 본풀이는 황서국서어마장군이 삼달리에 도착하기까지의 여정을 구구절절 풀어내는데, 세태 꼬집는 품새가 여간 아니다. 보자.

"… 제주 별도 수전으로 내렸는데, 영내(營內)를 보니 삼만관속이
보기 싫다."

별도 수전이란 현재 제주시 화북동의 포구인데, 조선조 당시에 이 포구는 제주로 들어오는 관문이었다. 이 포구에 내려서면 얼마 떨어지지 않은 곳에 제주목관아가 있다. 이 목관아의 관속들이 보기 싫다는 말이다.

"종달리 중우궁에 오고 보니 여자들 속옷 바람에 소금 삼태기 드는 게 보기 싫다."

구좌읍 종달리는 옛날 소금을 만들어내던 곳이었다. 양반으로서 못할 짓을 하여 죽은 신세지만, 속옷 바람으로 다니는 여자 보기는 싫다는 말이다.

"성읍 명덩ᄆ르[113)에 가고 보니, 성읍이라 삼만관속이 무죄한 백성을 타살하니, 이도 보기 싫다."

성읍은 현청이 있던 곳이다. 제주목에서는 관속이 보기 싫다고만 하더니, 성읍 현청에 와서는 관속이 무죄한 백성을 죽이는 것을 고발하고 있다.

이 정도면, 부모에 대한 효심으로 백정 노릇을 하고 또 그 때문에 죽음을 자초하긴 했으나, 올곧은 양반이고자 했던 영혼이 올곧지 못한 세태를 보는 불편한 심기(心氣)가 절묘하게 표현되고 있지 않은가.

여하튼 이런저런 곡절 끝에 황서국서어마장군은 삼달리 식나무밭에 좌정하는데, 아무리 앉아 있어도 찾아오는 이 없어서, 하루는 김씨하르방의 꿈에 선몽을 한다.

---

113)  표선면 성읍리의 한 지명.

"나는 서울에서 이러이러하여/ 내려왔노라./ 나는 여기 와서 앉았으니/ 나에게 제를 지내어 달라."

이 대목은 실로 '암호'이다. 무속적 사유가 없다면 이 암호는 받아들여지지 않는다. 그런 점에서 김씨하르방은 암호를 해독할 수 있는 사람으로 선택된 셈이다. 죽은 자와 산 자의 만남 혹은 초월적 존재와 현실적 존재와의 만남, 나아가 죽음의 세계와 삶의 세계의 만남이 이렇게 꿈속에서 느닷없이 이루어지는 것, 이것은 무속적 사유이기에 가능하다.

꿈을 깬 김씨하르방, 더 정확하게는 암호를 해독한 김씨하르방은 자신에게 태운[의탁된] 조상님을 위해 식나무 아래로 가서 홀로 제를 지낸다. 조상과 자손의 관계가 새로이 생성된 것이다. 이렇게 제를 지내니, 서울 황서나라에서 김씨하르방에게 통정대부114) 직함을 내려보내게 된다. 그리하여 본풀이에는 아예 김씨하르방을 김통정이라고 부르고 있다. 하지만 이는 삼별초의 김통정과 아무런 상관이 없다. 김통정대부의 줄임말 정도로 보면 된다.

신을 잘 모신 대가가 큰 벼슬이라니! 누군들 모시지 않을 수가 없다.

---

114) 2장 3절에서 언급한 바 있는데, 제주도에 있어서 통정대부는 실직이 아니라 이름만 있는 허직이다. 그러나 통정대부라는 직함은 그 자체만으로도 집안의 명예가 되는 것이다.

그리하여 본풀이는 "이제는 … 아주 동네까지 합숙을 하고 김씨하르방을 상단골로 하고 전대전손(傳代傳孫)을 대내리고 있습니다."로 끝맺고 있다. 즉 황서국서어마장군은 경주김씨가 모시기 시작했으나 나중에는 마을의 수호신으로 모시게 된 것이다. 이제 삼달리 〈웃카름당〉의 당신인 '황서국서어마장군님'은 삼달주민들의 생산, 물고, 호적, 장적을 관리하는 본향신이 된 것이다.

심방들에 의해 구전되어 온 〈웃카름당〉 본풀이는 당신앙의 근간이 무엇인지를 보여주는 하나의 전형이다. 김씨하르방이라는 실존인물, 김씨하르방이 만나게 되는 한 맺힌 영(靈), 맺힌 한을 풀게 하는 자손의 정성, 그리고 그 자손에게 드러나는 신의 영

그림 44 삼달리 〈웃카름당〉 안의 궤. 평소에 이 궤문은 닫혀 있다.

험함, 이러한 요소들이 감응을 일으키면서, 집단적 믿음을 형성하는 것이다.

현재 〈웃카름당〉 당집 안에는 나무로 만든 궤가 있고, 그 안에는 색동옷 다섯 벌로 신상의 형상이 만들어져 있다. 이 당의 당신은 황서국서어마장군님 1위인데, 다섯 벌의 신의가 모셔진 것은 원래 삼달리에 있다가 폐당된 4곳의 신들을 이곳에 함께 모셨기 때문이다. 말하자면 신의를 신체로 관념하여 다섯 벌의 신의로 다섯 분의 신을 모신 것이다. 그러나 지금은 아무래도 개별신에 대한 인식은 희박해져, 신앙민들은 제일인 정월 2일, 2월 13일, 7월 13일에 모셔진 신의 수와 상관없이 메 2그릇(사발메 1, 보시메 1), 쌀, 떡(흰돌래떡), 계란 1개, 종이(백지) 등을 지성으로 진설한다.

# 제주섬에 내린
# 옥황상제뜨님애기

## 조천읍 와산리 〈눈미웃당〉(불돗당)

조천읍 와산(臥山)리. 편안하게 드러
누운 듯한 당오름 자락의 중산간 마을이다. 말 그대로 '누운 뫼',
마을 어른들은 그저 '눈미'라 부르는 마을.

이 예쁜 이름의 마을에, 너무 영험하여 마을 밖에서도 빌러 찾
아오는 삼신할머님이 계신다. 와산리 마을 남쪽, 당오름 기슭에
자리 잡은 〈눈미웃당〉, 이름하여 〈불돗당〉이다. 신의 이름은 '눈
미웃당 불도 삼승또'.

그런데 가만히 들여다보면, 이 신의 이름에는 신이 계신 장소
와 신의 기능적 성격만 있고, 정작 신 자신의 이름은 없다. '눈미
웃당'은 와산마을 위쪽에 있는 당을 이르는 것이고, '불도'와 '삼
승또'는 모두 아이를 잉태시키고 키워주시는 삼신할머니를 일컫
는 또 다른 용어이다.

사실 아이를 점지해주시는 신 혹은 소위 육아치병신으로 알려진 신들은 거의 대부분이 특별히 신을 일컫는 이름은 없다. 그저 불도또, 여래불도, 삼승할망, 일뤠할망으로 불리고, 더러는 그 신이 좌정한 장소까지 덧붙여 뒷솔남밧[115] 일뤠할망, 오름허리 일뤠중저, 소금막 일뤠중저 등등, 대개 이런 식이다.[116] 게다가 제주도 마을마을에 있는 그 숱한 일뤠당의 신들은 대개 그 내력 담이 없다. 그래서 일뤠당에 가서 비념할 때는 구구절절이 당신 의 본(本: 내력담)을 푸는 것이 아니라 대체로 일뤠할망에게 자손을 도와주십사고 빈다. 예컨대 이런 식이다. "어떠어떠한 일로 축원 올립니다. … 무쇠 솥에 화식 먹는 인간이 무엇을 아오리까. 할머 님이 철 모르는 자손, 때 모르는 자손 흉보지 말고 오이 크듯이 키 워 주십시오…."

그런데 육아치병신이 마을수호신을 겸하고 있을 경우에는 상 황이 좀 다르다. 내력담의 길이에는 더러 차이가 있지만, 여하튼 제일에는 신이 좌정한 그 내력이 구송된다. 아무래도 마을수호신 인 만큼 매인심방에 의해 내력담인 본풀이가 전승되어 왔기 때문 일 것이다.

다시 '눈미웃당 불도 삼승또' 얘기로 돌아가자. 앞에서 여타의 육아치병신계 당들의 특징을 잠깐 언급한 것은 〈눈미웃당〉의 삼 신할머니는 내력담이 있을 뿐 아니라 그 내력담이 아주 특별하다

---

115)  뒤 소나무 밭을 일컫는 제주어.
116)  예외적인 경우로는 '광주부인 정중아미 일뤠한집' 정도이다.

는 점을 강조하기 위한 것이었다.

내력담은 이렇다.

> 옥황상제 말좃똘(셋째 딸) 애기/ 금시상 귀양오라/
> 당오름 상상봉오지로/ 좌정ᄒᆞ여/
> 큰 왕석으로/ 피가 흘렀습네.
> 조식 엇는 예조가/
> "이 당이 영급이 싯건/ 포태를 시켜주십서." ᄒᆞ니/
> 그 예조가 포태가 되어서/ 그 당에/ 제를 지내저 ᄒᆞ니/
> 그 당 이신/ 상상봉오질/ 올라가질 못ᄒᆞ니/
> 이젠
> "영급이 싯거들랑/ 당오름 알레레/ 편안ᄒᆞᆫ 데레/
> ᄂᆞ려 왕 좌정ᄒᆞ시민/ 제를 지내겠습네다."
> 그 말이 떨어지니/ 그 돌이/ 알레레 둥그러오라/ 좌정ᄒᆞ였습네
> 다....[117]

요약하자면, 옥황상제 셋째 공주가 큰 돌로 변신하여 당오름 봉우리에 좌정하였다가 자식 없는 여자에게 아이 포태를 시켜줬다는 것이다. 자식 없는 여자의 소원을 단번에 풀어줬으니, 대단한 영험임은 틀림없다. 어디 그뿐인가. 당오름 아래쪽으로 내려

---

117) 진성기, 『무가』, 364-365쪽.

와 달라는 임산부의 요구도 단번에 들어주었으니 그보다 더 영험할 수가 있으랴?

내력담 그대로 옥황상제 셋째 딸이신 삼승또는 당오름 어귀에 좌정하셨다. 물론 변신한 그대로 큰 돌, 아니 큰 바위의 모습을 하고 있다. 하지만 와산 마을에 가서 '불돗당에 있는 바위'라고 말했다가는 호된 야단을 듣는다. 그렇다면 무어라 칭해야 하나? 당연히 '조상할머니'라고 불러야 한다. 신성한 삼신할머니의 몸체를 인간 세상에서 한갓 사물을 칭하는 이름씨인 바위로 불러서는 안 된다. 〈불돗당〉의 영험을 믿는 사람에게 바위는 그저 바위가 아니라 옥황상제뜻님애기, 그 영험하신 삼신할머니이기 때문이다.

지적 호기심으로 신당기행에 나선 사람들은 〈불돗당〉의 조상할머니 앞에서 언어적 혼란을 겪는다. 왜 바위라고 불러서는 아니 되는가? 신령스러움을 믿을 때만 '조상할머니'가 되는 것이 아닌가? 이럴 때는 김춘수의 시, 〈꽃〉의 한 구절을 떠올리게 된다.

내가 그의 이름을 불러주기 전에는/ 그는 다만/ 하나의 몸짓에 지나지 않았다.
내가 그의 이름을 불러주었을 때,/ 그는 나에게로 와서/ 꽃이 되었다.

그렇다. 사물이 있어 이름이 있는 것이 아니다. 우리가 어떤 말을 할 때, 그 말이 지니는 의미만큼 존재는 드러난다. 그래서 하이데거는 "언어가 존재를 증여한다."고 했다. 기왕에 당신앙의 세

**그림 45** 조천읍 와산리 〈불돗당〉의 신석.

계를 알고자 했다면, 그래서 〈불돗당〉에 발을 들여놓았다면, 그 세계의 말을 해야 한다. 그래야 '옥황상제뜨님애기'의 존재가 개시되는 것이다. '바위'라는 표상을 넘어 신령스러운 의미의 지평에서 '조상할머니'라는 존재를 이해하지 않는다면, 〈불돗당〉은 '바위가 들어 있는 허술한 집'에 불과하다. 그 허술한 집을 보러 기행에 나선 것은 아니지 않는가?

이런 사설을 늘어놓다 보면, 문득 〈불돗당〉의 당신, 그 신체(神體)를 지켜주는 것은 당집이 아니라 '조상할머니' 혹은 '옥황상제 뜨님애기' 등의 말이라는 사실을 깨닫게 된다. 가장 영험한 삼신할머니의 이름이 옥황상제뜨님애기인 것도 같은 이치일 터이다.

하늘의 중심에서 우주 만물을 지배하는 최상의 신인 옥황상제, 모든 생명의 근원인 하늘신의 딸이라야 사람의 생명을 수호할 것 아니겠는가.

〈불돗당〉의 조상할머니 신석(神石)은 당집 안에 모셔져 있다. 당집 안에는 신의(神衣)가 아주 풍성히 걸려 있다. 신의는 처녀 몸으로 이 세상에 내려오신 옥황상제뜨님애기에게 바치는 신앙민의 정성이다. 이렇듯 신의가 무수하게 걸려 있다는 것만으로 이 당의 영험에 대한 사람들의 신심이 짐작된다.

〈불돗당〉에서는 옥황상제뜨님애기가 인간세상에 오신 날인 3월 13일을 기려, 그날에 큰 제를 올린다. 이날 외에도 〈불돗당〉에서는 정월 신년 과세문안도 한다. 와산리 본향당이 폐당됨으로써 〈불돗당〉이 본향당 역할까지 하기 때문이다.[118]

누구라도 〈불돗당〉에 가는 걸음이면, 생명의 뿌리를 저 아득한 하늘에까지 이어갔던 우리네 조상들의 정념(情念)을, 그 하늘 신앙을 다시 생각해 볼 일이다.

---

[118] 와산리에는 원래 마을 본향당인 〈베락당〉이 마을 인가 근처에 있었다. 마을에서는 멀리 떨어진 〈불돗당〉을 웃당으로, 〈베락당〉을 알당(아랫당)으로 불렀다. 그런데 〈베락당〉의 신목이 4·3사건 때 불에 탄 바 있고, 그 일로 해서 사람들은 신목이 부정 탔다고 하여 〈베락당〉을 폐당하였다. 원래 알당인 〈베락당〉에서는 일 년 4대제일을 지켜 제를 지냈는데, 지금은 웃당에서 제를 지낼 경우에 알당의 신도 함께 모신다. 즉 〈불돗당〉 당집 바깥에서 알당신에게 먼저 제를 올린 후, 웃당의 제당 안에서 제를 지낸다. 비록 본향신인 '눈미 알당 베락장군 베락스제'가 원래 좌정했던 자리는 지키지 못하고 있지만, 서열상으로 본향신이 위인 까닭에 먼저 제를 받는 것이다.

8장

조상이 신이요,
신이 조상이다

# 빈부귀천을 따지지 않는
# 신의 세계

## 애월읍 수산리 〈서목당〉

옛날 애월읍 수산리에 김씨하르방이 살았는데, 자식이 없었다. 어느 날 김씨하르방이 어린 팽나무를 심고 있었다. 마을 사람들은 이상해서 그에게 왜 팽나무를 심느냐고 물었다. 이상할 만했다. 자신의 집 마당에 나무를 심는다면 또 모를까, 마을 어귀에 돌연히 나무를 심다니. 게다가 나무가 없는 마을도 아니고, 중산간이라 지천으로 숲이 우거져 있는데 말이다. 김씨하르방은 말하기를,

"나는 자식이 없으니, 나 죽으면 누가 물 한 그릇이라도 떠 놓겠나. 그러니 나는 죽은 후에 이 팽나무 아래에 앉아, 마을 자손들의 인정이나 받으려 하네."라고 했다.

이 얼마나 섬뜩한 말인가. 죽은 후에 팽나무 아래에 앉겠다는 것은 귀신이 되어 저승으로 가지 않고, 마을에 머물겠다는 말이

다. 귀신을 믿지 않는 사람이라면 코웃음 칠 일이지만, 귀신이 산 사람 곁에 떠돌면서 조화를 부릴 수 있다고 믿는다면 결코 귓등으로 들어넘길 수 없는 말이다. 귀신을 제대로 대접하지 않으면 해를 당할 터이니 말이다. 어쨌든 그 얼마 후, 김씨하르방이 죽으니, 마을 사람들은 그 팽나무에 가서 김씨하르방을 위로하고 제를 올렸다고 한다.

심방들에 의해 전해 오는 이 얘기는 믿어도 그만, 믿지 않아도 그만이다. 중요한 것은 〈전설의 고향〉에나 나올 만한 이 얘기가 바로 애월읍 수산리 본향당의 내력담이라는 사실이다. 김씨하르방이 심었다는 큰 팽나무는 1959년 사라호 태풍 때에 꺾어졌다. 지금은 그 이후에 심은 팽나무 세 그루가 〈서목당〉 입구를 지키고 서 있다.

현재 이 나무가 있는 동네 이름이 당동(堂洞)인 것을 보면, 오래전 김씨하르방이 죽은 그 시점에서부터 그를 당신으로 모셨다는 소리다. 대단한 사람도 아니고 그저 자식 없이 외로이 살던 마을의 한 노인네를 마을을 지키는 수호신으로 모셨다? 그럴듯하기도 하고, 무언가 석연찮기도 하지 않은가? 제사 지내 줄 자식이 없는 외로운 노인네를 마을에서 제일을 정해 챙겨준다는 대목은 훈훈한 정이 느껴지기는 하는데, 그런 외로운 노인네가 마을을 수호할 만한 힘이 있을까? 아무리 귀신이라고 할지라도 말이다.

이쯤에서 사람들이 왜 신을 믿는지 돌이켜보자. 인간이 불완전하고 유한하기 때문에 신을 믿는다는 것은 모범답안일 수는 있다. 하지만 너무 모범답안이라 가슴에 꽉 와닿지 않는다. 솔직하

**그림 46** 애월읍 수산리 〈서목당〉 입구에 있는 팽나무.

게 속내를 털어낸다면, 복 많이 받고 오래 살고 싶어서 정도일 것이다. 신을 믿는다는 것은 신을 알고자 하는 형이상학적 관심과 달라서 어쨌든 잘 살고 싶다는 간절한 희망의 표현이다. 삶을 고달프게 하는 이런저런 고통과 공포, 위협과 불안에서 벗어나기 위해 신의 영험한 힘에 의지하는 것이다.

그런데 어떤 신이 영험한 신인가? 어떤 신이 사람살이의 온갖 재앙을 물리쳐주면서 복을 줄 수 있는 막강한 신인가? 사람살이의 이치로 미루어 생각한다면, 신의 영험함에도 편차가 있을 것 같다. 하느님이라면 막강할 것이다. 하지만 그건 다른 종교에서 모시는 신이다. 무속에는 본래 유일신 개념이 없다! 하기야 신 중의 신, 최고신인 옥황상제라는 개념도 있지만, 그렇다고 하여 옥황상제님 외에 신이 없었던 건 아니다. 온갖 만물에 신이 있다고 여겼으니, 얼마나 많은 신들이 있었을 것인가. 마치 내 몸에 혼이 깃들어 있듯이 바다에도 산에도 바람에도 별에도 물체적인 것이 아닌 영묘한 그 무엇이 있다고 믿었으니, 그것을 해신, 산신, 풍신, 성신으로 불렀다.

그것뿐이랴. 사람이 죽어서 무(無)로 사라지는 것이 아니라 다른 세계에서 영(靈)으로 살고 있다고 믿었던 우리의 신화적 사유는 죽어간 모든 이들을 조상신으로 생각했다. 막강하기야 옥황상제가 최고이겠지만, 옥황상제는 하늘에 계신 최고의 신이니, 사람 사는 동네에서 가깝게 모시기 어렵다. 그래서 신당에 모셔진 신들은 대개 사람에게 보다 친근한 신들이다. 자연신이라도 옥황상제의 딸이라거나 동해 바다 용왕국의 딸이라거나, 뭐 대충 이런 식이다. 마치 친근한 사람에게 부탁하기가 더 쉬운 것처럼, 친숙한 만큼 더 긴밀한 관계를 유지할 수 있다고 생각했을까? 여하튼 한국 땅에는 다양한 조상신을 모시는 당이 엄청 많다.

그런데 신앙도 사람살이의 이치에 따르는 법, 무언가를 바라고 그 바람을 이루고자 하여 '빽'을 쓰는 사람들은 기왕이면 든든한 빽을 찾는다. 이런 예들은 우리네 주변에서 얼마나 흔히 볼 수 있는가? 직장에서 승진하고자 하는 사람, 정당 공천을 받고자 하는 사람, 출세하고자 하는 사람, 하다못해 구하기 어려운 티켓을 얻고자 할 때조차도 사람들은 윗선, 더 윗선에 줄을 대고자 애를 쓴다. 그렇다면 액을 막고 복을 빌 신을 모신다면 기왕이면 공민왕, 최영 장군, 관운장과 같이 지위 높고 힘센 조상이라야 할 것 같지 않은가.

그런데 하필이면 그 많고 많은 조상신 중에서 어떻게 별 신통할 것도 없는 김씨하르방을 마을을 수호하는 당신으로 모셨을까? 김씨하르방 뿐만 아니다. 실제로 제주 땅의 신당에 모셔진 조상신 중에는 자연신 외에 유명하거나 영웅적인 신들이 거의 모셔져 있지 않다. 제주 땅이라고 해서 걸출한 인물이 없었으랴. 고려에 복속되기 전에는 어엿한 탐라국이었으니, 왕족으로 죽어간 조상도 숱할 것이다. 설사 제주 땅에 걸출한 인물이 없다고 한들 다 같은 한민족인데 육지부의 잘나간 조상신을 모신다고 해서 안 될 것도 없다.

하지만 제주 땅의 당신들을 보면, 한라산신이나 용왕부인도 있지만 대체로 그렇고 그런 조상을 당신으로 모신 곳이 많다. 좀 유식하게 말한다면 영웅신보다는 일반인신이 대부분이다. 송씨할망, 문씨할망, 김씨할망, 김씨하르방, 강씨하르방 등등 이웃 동네 아저씨, 아주머니의 명칭 같은 당신이 수도 없이 많다. 또 신의 내력담을 보면, 불쌍하게 살다 간 사람도 많다. 바닷가에 갔다가 바다로 침입한 왜놈들이 겁탈하려고 하자 도망다니다가 볼래낭 아래에서 죽은 처녀를 당신으로 모신 조천읍 신흥리, 육지에 간 오빠를 기다리다가 연대에서 떨어져 죽은 처녀가 당신으로 모셔져 있는 성산읍 신천리, 과거 보러 온 제주 남자에 이끌려 제주 땅으로 들어온 육지 심방이 방에만 갇혀 있다 죽으니, 마을에서 그 서러운 사연을 애달피 여겨 당을 지어 당신으로 모신 성산읍 시흥리 등등.

왜 이럴까? 황서땅 황서장군, 울뢰장군 울뢰소제, 신금산 지방감찰관, 김통정 장수님 등 끗발 좋은 명칭도 더러 있기는 하지만, 육지부와 비교하면 신의 이름이 참으로 친근하고 소박한 이웃의 호칭이 상대적으로 많다.

우선 불쌍하고 억울하게 죽은 사람을 조상신으로 모신 데에는 짐작되는 바가 있다. 소박하게 본다면, 불쌍한 귀신을 동네에서 함께 제사상 차려준다고 볼 수도 있겠다. 하지만 이런 귀신을 당신으로 모셨다는 것은 또 다른 이유가 있음 직하다. 무속의 귀신관에 의하면, 억울하고 원통하게 죽은 혼령은 저승에 편안히 들어가지 못하고 이승에 남아 부랑하는 원귀(冤鬼)가 되어, 산 사람에게 붙어 병을 앓게 하거나 일을 방해하는 등 불운의 화를 끼친다고 한다. 그렇다면 살아 있는 사람으로서는 생전에 순조롭고 편안하게 살다 간 혼령보다 한이 많아 이승을 떠도는 원령이 더 두려운 귀신인 셈이다. 그렇다면 정작 제물을 올리고 굿을 하여 정성을 다해야 할 대상은 원통하게 죽은 귀신 아니겠는가?

다음, 우리에게 너무나 친근한 호칭인 할망, 하르방으로 불리는 조상신이 많은 점을 어떻게 생각해야 할까? 어떤 이는 할망(혹은 하르방)이라는 호칭은 일상에서는 연령이 높은 사람을 일컫는 말이지만, 한편에서는 여성 혹은 남성에 대한 극존칭의 의미로 쓰인다고 한다. 하기야 어린 여자아이에게도 "아이고, 이 할망아!"라고 하는 것을 보면, 제주도에 있어서 '할망'의 용례가 특별한 점이 있기는 하다. 어쨌든 할망이 극존칭의 호칭이라고 하자! 그렇다고 하더라도 당신으로 모셔진 여성 혹은 남성이 분명 관직에 있었거나 지위가 높았던 사람이 아님은 분명하다. 그렇다면 이들은 누구인가? 어쩌면 이들은 그 마을을 설촌한 사람일 수 있겠다. 처음 그 마을을 이뤄낸 사람을 조상신으로 모신다는 것은 지극히 타당하게 들린다.

그런데 할망, 하르방으로 불리는 당신 중에는 혹시 생전에 심방[무당]이었던 사람도 있지 않을까? 이런 짐작을 하는 것은 성산읍 신천리의 본향당인 〈현씨일월당〉의 당신이나 시흥리 본향당에 함께 모셔진 당신이 모두 심방이라는 점도 하나의 이유이다. 또 하나의 이유는 무속이 오랫동안 국가신앙이었던 나라, 몽골의 경우에 비추어봤을 때 심방의 혼령을 당신으로 모셨을 가능성은 크다. 몽골에서는 무당이 죽어 삼 년이 지나면, 그 무당의 혼, 죽은 무당이 입던 의복과 사용하던 물건들을 특별한 건물(혹은 장소)

에 별도로 소중히 보관하고 제사를 올리는데, 이리하여 하나의 새로운 신당이 생기는 것이다. 이렇게 행하는 제사 의식을 '초원의 옹고드'라 부른다. 고대사회에서 무당의 사회적 역할을 감안할 때, 무당을 당신으로 모시는 것은 사람살이의 이치로 볼 때 그럴듯하다. 다만 이러한 민속이 탐라국 초기에서부터 있었는지, 아니면 제주도가 이삼백 년 동안 몽골의 지배를 받으면서 몽골식 무속을 받아들였는지는 확실치 않지만 말이다.

그러나 아무려면 어떠랴! 빈부귀천으로 사람값을 매기고, 차별하고 차별받는 세상살이도 갑갑한데 죽은 혼령의 세계에까지 지위와 신분, 계급을 따져 대우를 차별하는 것보다는 이렇게 생전의 빈부귀천으로 조상신의 영험을 가늠하지 않는 제주 땅의 무신 세계가 훨씬 낫지 않은가! 살아서 권력 있는 자들에게 억눌려 산 것도 억울한데, 죽어 귀신이 된 후에도 생전 권력을 이어 강자 행세를 한다면 얼마나 답답할 일이겠는가! 그래서 빈부귀천을 따지지 않는 제주 땅의 조상신의 세계는 호쾌하다. 귀신세계에라도 억압과 차별 없는 세상이 있다는 것은 갑갑한 세상에 숨통을 틔게 하는 것 아니겠는가!!

# 이웃의 조상은
# 모두의 조상신

## 조천읍 함덕리 〈산신당〉

함덕해수욕장. 온통 바다인 제주도
에서도 꽤 유명한 해수욕장이다. 고운 모래, 옥빛 바다가 서우봉
을 병풍 삼아 펼쳐진 함덕해수욕장은 제주도를 찾은 관광객이라
면 한 번은 꼭 들르는 곳이다.

이 바닷가 마을에 산신당이 있다. 이상하지 않은가? 물론 제
주도가 곧 한라산이고, 한라산이 곧 제주도라는 점에서 보면 산
신당이 제주 땅 어디에 있어도 그만이다. 그곳이 바다와 가까운
곳일지라도 한라산 기슭임에는 틀림없으니 말이다. 또 산신이 산
을 수호하고 산 주변을 관장하는 신으로서 지역수호신의 성격을
지닌다는 통례로 볼 때, 지역수호신을 마을 가까이 모시는 것이
하등 이상하지 않다. 그렇기는 하지만 아무래도 산신당은 중산간
정도에라도 있어야 그 이름에 걸맞다.

그런데 무슨 까닭으로 산신께서 이 바닷가 마을에까지 내려오셨을까? 게다가 이 산신당의 산신은 어느 산의 신령인지 도통 감잡히지 않는다. 산신은 통칭(보통명사)이고 특정 지역의 산신은 대개 산의 이름이 그 명칭에 들어 있다. 제주도의 산신이 한라산신, 하로산도 등으로 불리는 것처럼 말이다.

산신당의 내력을 탐문하고 다니던 나는 너무나 뜻밖의 사실에 한동안 입을 닫지 못했다. 수소문 끝에 산신당의 내력을 잘 안다는 칠순 어르신을 만났는데, 그분은 대뜸 산신당에 모셔진 당신이 자신의 할아버지라고 한다. 이럴 수가! 그렇다면 함덕의 산신당은 당이 설립된 지 얼마 되지 않는다는 얘기다. 도대체 무슨 연유일까? 염치 불구하고 어르신께 부탁하여 그분 가족의 족보를 보여 달라고 했다.

이 당에 모셔진 신은 연주(延州) 현(玄)씨 입도(入島) 9세로서 함자는 ○○이다. 족보에는 통정대부(通政大夫)라고 기재되어 있고, 출생은 단기 4170년(1837년), 사망은 광무 17년(1913) 2월 12일이다.

어르신의 말씀으로는 조부인 현○○ 할아버지께서 선흘리의 동백나무 군락지에서 동백 열매를 따기 위해 나무에 올랐다가 떨어져 돌아가셨다고 한다. 아니, 통정대부가 동백 열매를 따러 나무에 오르시다니? 통정대부란 조선시대 문관 정상품 당상관 아닌가. 물론 제주도 집집의 족보에는 통정대부라는 직위가 흔하게 적혀 있기도 하고, 또 그것이 허직에 불과할 뿐이기는 하지만 그래도 어느 정도 위세는 있을 법한데 아무래도 동백나무에 올랐다는 것은 석연치 않다. 혹시 족보에 허위사실이 기재된 것일까? 조심스레 말을 꺼내는 나와는 딴판으로, 그 어르신은 의외로 솔직하시다. 통정대부는 그냥 그렇게 적은 것일 뿐이라고, 가난하던 시절이라 동백 열매로 동백기름을 짜 팔았다고.

그것이 생업이었다면, 나무 오르는 것은 얼마나 익숙했으랴. 그런 분이 나무에서 떨어져 돌아가셨을 때, 그 가족은 얼마나 어이없었을까. 어쩌면 그 가족들은 나무에서 떨어졌다는 사실을 고인이 더 받아들이기 어려운 것으로 여겼을지 모르겠다. 그래서인가, 그 가족들은 고인이 떨어진 선흘의 동백나무에 고인의 영이 머문다고 생각하여 선흘리까지 오가며 정성을 올렸다고 한다.

그러다가 선흘까지 다니기가 멀어서 집 근처 자그마한 동백나무에 할아버지를 모셔놓고 사나흘에 한 번씩 찾아가 인사를 하였다고 한다. 어르신 자신이 어렸을 적인 일제시대에도 자주 이 당을 다닌 기억까지 떠올리신다.

이 대목에서 제주도 특유의 조상 관념이 드러난다. 혈연 조상에 대한 숭배야 한반도 공통의 문화이지만, 그 조상에 대한 의례를 돌아가신 장소(혹은 장소의 상징)에서 행한다는 것은 일찍이 듣지 못했다. 조상령의 한(恨)이라는 관념이 전제되지 않는 한, 이런 방식의 조상숭배는 성립되지 않는다. 그렇다면 현씨 집안에서 동백나무에 조상을 모시고 의례를 지속하였다는 것은, 그 형식은 차치하고라도 관념적인 측면에서는 철저히 무속적이다.

요즘에는 며칠 간격으로 다니는 것조차 여의치 않아, 아예 일년에 한 번씩 심방을 모시고 크게 제를 지낸다고 한다. 기일에 심방이 제를 주관한다는 것은 드디어 고인을 무속적인 의미의 조상신으로 관념하는 것을 의미한다. 실제로 현씨 집안에서는 큰 걱정거리가 있을 때는 물론이고, 제주시에 사는 손자들이 아플 때도 이 조상님께 제물을 올리며 빌고 있다고 한다. 어르신의 말씀으로는 조상님께 빌기만 하면, 확실히 효험이 나타난단다. 아프던 아이도 금방 좋아지고 말이다.

참으로 투철한 조상신앙이다. 생시에 자손들을 돌보는 것과 꼭 마찬가지로 죽은 이후에도 후손들을 돌보아준다는 철저한 믿음, 그래서 이미 이승에 계시지 않을지라도 이승에 함께 계신 것과 다름없이 존재한다는 믿음은, 그 자체로 견고한 신앙이다.

살아 있는 자와 죽은 자가 단절된 것이 아니라, 얼마든지 교통(交通)하고 소통할 수 있다는 무속적 사유, 산 자와 죽은 자가 가족이라는 하나의 울타리 안에 묶여 있다는 한국적 가족 관념, 여기서 삶과 죽음의 그 큰 경계는 아무런 의미도 갖지 못한다. 참으로 우주적인 생명관이라 아니할 수 없다.

그런데 점입가경. 현씨 집안의 조상신이 효험이 있다고 알려지고부터, 현씨 집안이 아닌 사람들까지 이곳을 찾아 비념을 하기 시작했다는 것이다. 이 시점부터 알게 모르게 ○○ 할아버지가 좌정한 동백나무는 〈산신당〉이라고 불리게 된다. 말하자면 현씨 집안의 일가수호신은 은연중에 공공의 신으로 변한 것이다.

사실 제주도의 공동체문화는 혈연공동체라기보다는 지역공동체이다. 이러한 제주도의 정서로 보면 누구네의 혈연조상인가는 가히 중요하지 않다. 딱히 혈연 직계가 아니더라도, 외가, 친가, 사돈으로 얽히다 보면 모두가 친족과 진배없는 사이로 인식

**그림 47** 조천읍 함덕리 〈산신당〉. 산신당 당신의 손자인 현○○, 그 오른쪽에 보이는 동백나무가 신목이다.

되는 곳이 제주도이고, 그래서 제주도의 이러한 독특한 관계 문화를 궨당 문화라고 하지 않는가. 그리하여 이웃의 조상신은 나의 조상신이기도 하고, 우리 모두의 조상신이기도 한 것이다!

오호, 내 조상에게 기원하는 뭇사람의 욕망을 허(許)하는 개방성, 조상을 독점하지 않는 개방성, 여기에 조상이 신이 되고 신이 곧 조상인 제주무속의 세계가 있다!

함덕리 〈산신당〉, 이제 그 이름만으로도 흐뭇하다. 〈산신당〉이 바닷가 마을에 있는 것도 이제 더 이상 이상할 일이 아니다. 하기야 동백나무 우거진 중산간 선흘에서 돌아가셨으니, 산신이라는 신명이 크게 걸맞지 않은 것도 아니다. 또 민간에서 유행하는 관념에도 산신은 생명을 악귀들로부터 보호하는 수호신 성격이 있는 점, 사찰에서도 자식과 재물을 기원하는 것을 산신 기도라 하는 점으로 미루어보아도 현○○ 할아버지의 동백나무를 찾는 사람들에게 〈산신당〉이라는 명칭은 딱 어울린다.

사족.

데이비드 메이슨이라는 미국인이 1982년 우연히 한국 사찰에 들렀다가 산신각에 걸린 산신도에 매료되어 그 후 20여 년 동안 전국 방방곡곡 산신과 관련된 모든 곳을 찾아다녀, 근래에 『산신』이라는 책까지 출간했다. 그런데 전국의 산신에 대해 빠짐없이 조사했다는 그도 함덕의 산신당은 몰랐던 모양이다. 그가 가지고 있는 수천 점의 사진 어디에도 함덕 산신당에 관한 것은 없으니 말이다. 짐작이나 했으랴. 관념적인 존재가 아니라 실존 인물을 산신으로 모시는 제주의 독특한 정서를 말이다. 산의 동백나무에서 떨어져 죽은 조상을 다시 동백나무에 산신으로 모시는 이 독특하고 유별난 제주의 조상 관념을 그가 어떻게 알 것인가?

# 운명을 달리해도
# 신통력은 변함없어

## 조천읍 함덕리 〈존하니ㅁ루당〉, 〈한영할머니당〉

　　　　　　　　　나무에 연초록 물이 오르고, 고운
빛깔의 꽃들로 천지가 살아나는 계절, 연분홍 꽃잎이 수만 마리
나비가 되어 흩날리는 벚꽃도 지고, 온 섬을 뒤덮은 노란 유채 물
결이 제 숨을 고르고 있는 사월의 ㄲ트머리, 그때쯤에 문득 사람
살이가 천지 가득 차오르는 생명력만큼 활기가 느껴지지 않는다
면, 한번 걸음 나서 볼 만한 곳이 있다. 함덕리 남쪽 존하니ㅁ루.
그곳에는 고달픈 사람살이를 보듬어 줄 두 분의 조상신이 있다.
〈존하니ㅁ루 일뤠당신〉과 〈한영할마님〉이다.
　　함덕리 사람들은 〈존하니ㅁ루일뤠당〉을 넋산 혹은 넋산이 오
름이라고 부른다. 제주도에서는 산소를 '산'이라고 하는데, 넋산
이란 '넋 들이는 산소'라는 뜻이다.
　　'넋들이'란 제주도에서만 행해지는 민간신앙 요법이다. 몹시

놀라거나 유사한 사유로 몸의 상태가 좋지 않을 때 '넋들이 할망'에 의해 넋 들이는 행위를 한다.

사실 '넋 나간다'는 말은 있어도 '넋 들인다'는 말이나 넋 들이는 의식을 치르는 곳은 제주도 외에는 없다. 혹자는 '넋들이'라는 용어에서 제주인의 적극성과 능동성이 엿보인다고 말하기도 한다. 그럴 것이다. 비록 조상이나 신들의 힘을 빌리기는 해도, 넋을 불러들여 안간힘으로 살아남고자 하는 의지가 없었던들 이 돌무더기 땅에 생명을 걸고 살아올 수 있었으랴.

존하니ᄆ루 언덕바지에 바다를 보고 누운 산소, 이 산소가 넋들이를 하는 곳이고, 다른 이름으로는 〈존하니ᄆ루일뤠당〉이다. 지역민들의 말에 의하면 산소에 묻힌 할머니의 신통력이 대단하

그림 48 조천읍 함덕리 〈존하니ᄆ루당〉.

여 이 일뤠당에 와서 빌면 모두 효험을 본다고 한다. 이 봄, 사월에 넋들이하러 넋산에 다닌 사람이 얼마나 될까? 모르긴 해도 어려운 시절이라 여늬 때보다는 넋 들이는 걸음들이 잦았으리라.

산소 앞에 세워진 비석에는 산소에 묻힌 분의 내력을 짐작하게 하는 글이 적혀 있다. 그대로 옮겨 본다.

### 孺人高氏之墓

濟州東朝天面咸德里南尊閑伊旨

　　제주 동조천 함덕면 남쪽 존하늬무루

有枕丁向祭三尺之原卽

　　남서향에 자리 잡은 작은 언덕에 제를 지내니

陽川許辰之妻耽羅高媼之藏也

　　양천 허씨 진의 처, 탐라 고씨 온이 묻힌 곳.

生年月日文獻未徵

　　생년월일은 문헌으로도 알 수 없으되,

癸丑七月十六日均有子內宗無育斯人也

　　계축년 칠월 십육 일, 아들 균이 버린 사람이 되었으니

寄而遺陰歸而靈

　　나에게 당신을 묻어달라고 유언하였다.

一抔土前孰不崇拜

　　한 줌의 흙 앞에 익히 숭배하지 못하였으나

淸香美醑遠近來酹

　　원근에서 찾아와 맑은 향 좋은 술을 올렸다.

愛我比兒圖報无量

나를 사랑하신 은혜에 보답하려 하니 한량없어

刊玆一石以表其情

돌 하나에 글을 새겨 그 정을 표하려 한다.

歲戊子 三月 上巳 丹陽 禹成集 謹竪

무자년 삼월 삼짇날 단양 우성집 삼가 세움[119]

　　비문의 내용으로 보면, 이 산소에 묻힌 분은 성은 고씨이고 이름은 온이다. 할머니가 돌아가신 연대는 계축년 즉 1913년이고, 단양 우씨가 비석을 세운 해는 무자년 즉 1948년 3월이다. 비문의 내용으로 보아 비석을 세워 묘를 정비하기 이전부터 사람들이 찾아왔다는 것을 알 수 있다.

　　〈존하니ㅁ루당〉과 가히 멀리 떨어지지 않은 곳에 또 하나의 일뤠당이 있다. 이곳 역시 산소이다. 산소 앞 제단은 대리석으로 깨끗하게 꾸며져 있다. 지역민은 〈한영할머니당〉이라고 하는데, 대리석에 적혀 있기로는 한양할머니이다. 대리석 제단 모서리에 98. 10. 16일에 새로 단장했음이 밝혀져 있고, 또 다른 모서리에 '손 한순섭'이라고 적혀 있다. 이 당 역시 새로이 단장하기 전에도 많은 사람이 일뤠당으로 관념하여 다녔다고 한다. 다음은 한순섭 (여 77세: 2001년 현재)로부터 들은 〈한영할머니당〉의 유래이다.

---

119)　비문은 한문으로 되어 있다. 한글 내용은 필자의 번역이다.

한양할머니로 불리는 분은 한순섭 씨의 고모할머니, 즉 부친 (한동삼)의 고모이다. 그 고모할머니는 점을 잘 쳐서 소문이 자자했다. 그러자 사람들이 찾아들어 그 고모는 아예 점치는 일을 하였다. 그런데 당시의 관청(일제식민지 시대 초기로 추정된다.)에서 나와 점치는 일을 못하게 하고, 점을 치면 잡아들인다고 하니, 이 고모할머니는 도망쳐 버렸다. 한순섭 씨의 부친은 자랄 때 특별히 이 고모가 아껴주었던 정으로 고모를 찾고자 여러 곳에 수소문하였다. 고모를 찾기 위해 짚신 열 켤레를 챙겨 제주도 전 마을을 돌아다니기도 했으나, 끝내 고모를 찾지 못했다. 그러다가 서울 근처 안양에 고모가 산다는 소문을 듣고 안양까지 가서 고모를 찾았다. 고모가 함덕으로 돌아오자 한씨 집안에서는 고모를 관청에 데려갔다고 한다. 그 관청에 근무하던 순경이 자기 점을 보아달라고 했는데, 이 고모가 말하기를 집에 가서 장 담긴 장독을 뒤져보면 알 도리가 있을 거라는 말을 했다. 그 말대로 된장 담긴 장독을 뒤졌더니, 그 된장 밑에 엽전이 가득 있었다. 이 순경에게는 부인이 둘 있었는데, 작은 부인이 돈을 도둑질하여 된장 밑에 숨겨둔 것이었다. 그 순경은 고모의 점괘가 너무 용하여, 그 길로 풀어주었다.

이 고모는 술을 너무 좋아하여 사람만 만나면 늘 '술 한잔만 주면 할로산(한라산) 아래는 다 살펴보마.'는 말을 하곤 했다 한다. 한씨 집안에서는 무당이 생겼다며 말들이 많았고, 급기야는 집안 창피하다며 죽여버릴 작정으로 방에 가두어 문을 잠가버렸다 한다. 방에 갇힌 고모는 '물 달라', '술 달라'고 외치며 거의 죽을 지경이 되었는데, 한순섭 씨의 부친이 문을 열어주었다 한다. 그 뒤로는 거의 정신 나간 사람처럼 여기저기 돌아다니다 49세에 죽었다. 한순섭 씨의 부친이 고모의 시신을 거두어 상을 치르고 제사도 모셨다.

그런데 한순섭 씨는 젊어서 해녀 일을 했는데, 물질을 잘하는 '상군'이었다. 바다에 들어갔다 나와서 쉴 때면, 동료들의 손금을 보아주곤 했다. 한씨의 말로는 자신이 무얼 알아서가 아니라 그저 마흔이 지날 때쯤부터 그냥 말이 그렇게 나왔다고 한다. 그리하여 점도 보고, 아이들 침도 놓고 넋들이도 하였다. 아는 것 없이도 그냥 마음 내키는 대로 침을 놓으면 그렇게 아이들이 잘 낫곤 했다. 처음에는 친척 아이들 정도 돌보았으나 나중에는 함덕에

그림 49 조천읍 함덕리 〈한영할망당〉.

사는 사람들 간에 입소문이 나서 손님이 많았다. 그러다가 침통을 잃어버려 침은 놓지 않았지만, 비념할 일 있는 사람들이 찾아오면 고모할머니 산소에 가서 빌기도 하고 넋들이도 했는데 영험이 있었다. 자식이 없는 사람들의 불도맞이도 산소에 가서 하였는데, 그런 후에는 자식이 생겨나곤 했다. 지금도 그 산소에서 넋들이, 불도맞이 등을 한다.

약 20여 년 전에 지금의 장소로 산소를 옮겼다가, 98년에 다시 단장하였다. 한순섭 씨는 고모할머니의 성함을 알고자 족보를 찾았지만, 족보에 그 할머니의 이름은 없었다. 할머니를 기억하는 사람들도 정확하게 이름을 아는 사람은 없었는데, 그 이유는 예전에는 딸아이들의 이름을 부르지 않고 '큰 년', '작은 년'이라고 했기 때문이라 한다. 할머니의 이름을 몰라 산소를 새로 단장하면서 함덕 사람들이 부르는 대로 한영할머니(한양할머니)라고 비석에 새겼다 한다.

〈존하니무루일뤠당〉, 〈한영할망당〉, 그리고 앞 절에서 다뤘던 〈산신당〉은 20세기 초에 실존했던 인물을 당신으로 모셨다는 점에서 특별하게 주목할 만하다. 불과 얼마 전의 조상을 신격화해서 모신다는 것은 제주도가 아니면 도저히 가능치 않을 것이다. 그야말로 조상은 신이고 신이 곧 조상이다. 제주도인의 언어 습관 중에 조상신이라는 말이 더러 사용되기는 하는데, 이 말은 상투적이기보다는 오히려 생활과 정서에 깊이 배어 있는 제주의 우주관이고 신관이라는 사실이 함덕리의 세 당의 경우에서 확인된다.

# 매사를 당할망에게
# 고하라

## 안덕면 대평리 〈난드르일뤠당〉

안덕면 대평리. '넓은 들판'이란 뜻
이다. 육지부의 평야에 비할 바는 아니지만, 제주도에서는 제법
훤칠하게 넓은 땅이다. 이런 들판을 제주어로 '드르'라고 하고, 대
평리는 바다 쪽으로 벋어 나왔다고 하여 '난드르'라고 불리는 곳
이다. 얼마나 고운 이름인가. 태평양을 향해 훤칠하게 벋어나간
들판, 난드르. 바닷가 바위가 넙죽 널브러져 바다가 더욱 넓고 편
안하게 느껴지는 곳, 그 한편에 솟구치는 기상으로 버티어 선 바
위 절벽의 절경이 마치 산수화 한가운데 들어앉은 듯 착각하게
하는 곳. 그러기에 제주 섬의 정취를 꽤 즐기며 돌아다닌다는 사
람들이 즐겨 찾는 동네 중의 하나가 대평리다.

당을 찾기 위해 대평리를 들른 날이었다. 한여름 뙤약볕에 당
을 찾아다니기 번거로워, 잔꾀를 내었다. 작은 마을에서 최고의 정

보통은 슈퍼 아줌마인 법, 정겨운 이웃 찾듯 나는 여러 번 다녀간 적 있는 익숙한 골목길을 접어들어 동난드르 슈퍼에 들어갔다. 대평리 〈본향당〉을 묻는 내 말에 슈퍼 아줌마는 한마디 툭, 던진다.

"무시거 할꺼우꽈, 빌잰?"(뭐 할 것입니까? 빌려고?)

그녀는 내가 대답할 겨를도 없이, 방 안을 향해 또 한마디 툭, 던진다.

"확 골아줘덩 옵서!"(빨리 가르쳐주고 오시오.)

그녀의 손에는 이미 오토바이 키가 들려 있고, 그녀의 남편인 성싶은 남자가 방에서 나오며, 그녀로부터 키를 받아든다. 키를 받아든 그녀 남편이 내게 차는 있느냐고 묻자, 나보다 그녀가 먼저 대답한다.

"차 없이 예까지 옵니까?"

후아, 빠르다! 그녀는 순식간에 상황과 실행할 행동을 결정한 것이다. 아마도 그녀는 나에게 말로써 설명하는 것이 여의치 않다고 생각한 듯하다. 그녀는 영락없는 잽싸고 요망진 제주도 아낙이다.

답사길에 만나는 사람들이 모두가 다정하기는 하지만, 특히 이들의 살뜰함이 도드라지고, 아마도 그 특별한 배려가 신심에서가 아닐까 하는 짐작으로 그녀 남편에게 말을 던졌다.

"대평리 사람들은 당에 많이들 다니는 모양입니다아?"

"다들 다닙쥬."

"전부 말입니까? 젊은 사람도요?"

"암요, 젊은 사람들도 서울에 공부하러 갈 때도, 군대 갈 때도

그림 50 안덕면 대평리 〈난드르일뤠당〉.

모두 할망당에 절해 뒹 갑니께. 딴 데 가 사는 사람도 빌 땐 꼭 여기 와서 빌고 마씀."

귀가 번쩍 뜨였다. 지금까지 답사 다니며 아직도 전 주민이 당에 다닌다는 경우는 처음 들었기 때문이다. 대단하다. 도대체 무엇일까? 무엇이 시대 변화에도 불구하고 신앙심을 이토록 견고하게 지탱하게 하는 것일까?

대평리〈할망당〉은 포구 옆 농로를 따라 난 오르막길, 그 언덕바지에 있었다. 마을 사람 모두가 다닌다는 말에 당의 규모가 제법 클 것으로 예상했던 나의 기대는 어긋났다. 당은 두어 평도 채 안 되는 작은 공간이다. 그나마 그 공간에서 예사롭지 않은 기운을 느끼게 하는 것은 쌓은 지 오래됨 직한 소담스러운 돌담뿐이었다. 이 소박한 공간이 전 마을 사람들의 정신적 의지처로서 지속되는 이유는 무엇일까?

무엇이든 의문을 풀만 한 실마리를 찾아야 했다. 대개의 신당은 근대화 물결과 그 맥락에서 일어난 미신 타파 운동의 포화를 겪으면서 성소로서의 위상이 약화되었다. 대평리가 지금까지도 견고한 당신앙을 지니고 있다는 것은 무엇보다도 미신 타파 운동의 포화를 견뎌내었기 때문일 것이다. 이런 짐작을 하면서, 70년대 초 새마을운동 당시에 이장을 지낸 어른을 찾아 나섰다. 마을 안 거리에 조그마한 담배 가게를 열고 계신 강영식 할아버지를 찾는 것은 아주 쉬웠다. 새마을운동, 신당, 어쩌구 두어 마디를 하자마자 내 물음을 듣던 한 노인이 대뜸, 아아, 강영식이라고 했고, 다른 한 노인은 그때 강영식이가 당을 살렸지, 라고 덧붙였다. 요컨대 마을 사람들은 새마을운동 당시에 당과 얽힌 사건의 전말을 생생히 기억하고 있었던 것이고 사건의 주인공이 강영식이라는 것이다.

그런데 정작 강영식 할아버지의 반응은 덤덤하다. 뭐, 대단한 일을 했다는 표정은 없다.

"그때 말이야, 경찰들이 마을마다 댕기며 당을 부수곤 했지. 그때 동네 부녀자들이 내게 와서 살짝 모셔둥 다니쿠다, 하니 난들 어쩔 수 이써? 경 허랜 했지. 내가 잡혀가민 될 꺼 아니, 내가 경 말했주게."

간단히 말하면 이 한 몸 희생할 요량으로 부녀자들의 바람을 지켰다는 게다. 하지만 그때가 어떤 시절인가. 정부 시책이라면 죽는 시늉도 내야 하던 시절이다. 실제로 그 당시 관의 압력에 못 이겨 폐당된 곳도 여러 곳이고, 훼손되거나 옮겨진 곳도 여러 곳이다. 그런데 시골 이장이 무슨 배짱으로 정부 시책을 거스를 요량을 했을까. 어쨌든 강 할아버지는 우리 동네 당은 손대지 못한다고 뚝심을 부렸고, 그렇게 대평리 〈할망당〉은 온전할 수 있었던 것이다.

얼마나 뿌듯했을까? 마을 부녀자들의 청을 지키기 위해 관에 맞선 강 할아버지도, 또 그렇게 당을 지켜 낸 마을 사람들도 대평리 사람들의 하나 된 마음에 자부심을 크게 가졌을 것이다.

글쎄, 대평리의 당신앙이 견고하게 지속되는 이유가 딱히 강 할아버지의 사건 때문만이기야 할까. 그렇기는 하지만 사람살이는 묘한 구석이 있어 한 사람의 당찬 행동이 사람들을 결집시키기도 하고, 때로는 한 사람의 부실한 행동이 뭇사람들을 함께 무너뜨리기도 하는 법이다. 강 할아버지의 행동은 그 당시로는 쉬운 일은 아니었다. '당은 건드리지 못한다. 차라리 나를 잡아 가두라.'는 강 할아버지의 결의에 찬 말은 대평리 사람들의 가슴에 진한 감동을 일으켰으리라. 그런 감동을 겪고 보면, 대평리 〈할망당〉은 마땅히 지켜내어야 할 신앙이라는 의미가 증폭되었을 것이다. 뿐만 아니라 대평리 사람들 스스로도 '남다른 사람들'이라는 의미가 첨가되었을 성싶다.

상상해 보라. 언덕바지의 조그만 〈할망당〉. 그 〈할망당〉에 군대 가는 아들, 대학 시험 치러 가는 자식과 함께 가서, 우리 아들 군대 감수다, 우리 자식 시험 보러 감수다, 조상님이 잘 보살펴 줍소, 라고 비는 부모의 모습을. 그뿐 아니다. 지금도 마을 운동회가 열리는 날이나 경로잔치가 열리는 날이나, 어쨌든 뭔가 별스러운 행사가 있는 날에는 아침 일찍 혹은 행사 전에 먼저 〈할망당〉에 들러 행사를 고(告)한다 하지 않는가. 마치 집안의 최고 어른에게 식구들이 들고 남을 늘 고하듯, 그렇게 〈할망당〉을 찾는 것이다. 얼마나 따뜻한 마을살이인가!

마을청년회에서 축구시합할 때도 〈할망당〉을 찾는다고 자랑스럽게 말하는 대평리 젊은 사람에게 〈할망당〉의 내력을 아느냐고 물었던 적이 있다. 그는 뜬금없는 질문이라는 표정으로 말을 뱉었다.

"몰라! 왜, 알아야 해? 그냥 조상할머니잖아?"

이보다 더 명쾌한 답이 있을 수 있을까?

그렇다. 믿음은 원래 그런 것이다. 그냥 믿는 것이다. 그냥 믿음으로써 대평리는 하나의 공동체가 된다.

젊은이의 말을 들으며 할망당의 당신이 실존 인물일까, 아닐까를 궁금해하던 나 자신이 일순 머쓱해졌다. 그러나 어쩌랴, 나라는 사람은 기껏해야 관찰자일 뿐, 결코 대평리 사람이 아닌 걸 말이다.

# 9장

# 신력(神力)도
# 사람 하기 나름

# 심방과 신의 위세는
# 동전의 양면

## 구좌읍 한동리 〈한동본향당〉

무속신앙의 골격을 이루는 가장 기본적인 요소는 신과 신앙민 그리고 무(巫: 심방)이다. 흔히 종교가 성립되기 위한 삼 요소를 신앙 대상, 교회조직, 성직자라 하는데, 무속의 기본적 요소는 바로 종교의 삼 요소와 대비된다.

그렇기는 하나 무속을 종교의 범주에 넣을 것인가, 말 것인가 논란이 되기도 한다. 무속이 교리체계가 없다는 점, 교회조직이라고 할 만한 종교조직을 갖추지 못한 점에 주목하는 이들은 무속을 종교에 범주에 넣기보다는 한갓 민간에서 행해지는 습속 정도로 치부하고자 한다. 이 입장에서 보자면 무속이라는 용어는 정확한 표현이다.

그런데 교리체계나 교회조직을 보다 완화된 의미로 해석하여, 무(巫)들이 구송하는 무가(巫歌) 그리고 그 무가에 내포되어 있어 신앙민과 공유하고 있는 신념들은 교리로, 동시에 특정 무를 중심으로 형성되어 있는 신앙민 집단을 교회조직으로 볼 수 있다고 보는 이들에게 무속은 당연히 종교이다. 따라서 이들은 무속이라는 용어에 거부감을 표현하면서 무교(巫敎)라는 용어를 써야 한다고 주장한다.

그런데 말이 어떻게 만들어지고 한 시대에서 그 말들이 어떻게 작용하는가를 곱씹어보면, 이런 논란들은 금세 사그라지고 말 것이다. 요컨대 무속, 종교, 미신, 사이비 등등 이런 말들은 실체에 관한 것이 아니라 그저 하나의 개념일 뿐이다.

보라, 천년 탐라 왕국에 종교라는 말이 있었겠는가? 종교와 미신 혹은 무속을 구별하게 된 것은 기껏해야 종교라는 이름으로 정당화되어야 하는 힘들이 이 땅에 들어오고 난 후의 일이다. 그런 점에서 종교와 무속 혹은 미신을 용어적으로 구별하는 것은 이 땅의 종교 제도를 잠재적으로 정당화해주는 하나의 사건이며, 그런 사건을 통해 세대의 문화적 경험을 만들어내는 언어적 구성체의 행위일 뿐이다.

다시, 무속신앙의 골격 문제로 돌아가자. 미리 필자의 속내를 털어놓자면, 신과 신앙민 그리고 심방의 삼 요소를 거론한 것은 이 삼 요소의 역학관계를 드러내기 위해서이다. 사실 거창하게 역학관계를 들먹일 필요도 없겠다. 신앙민이 없다면 신이 무슨 의미가 있으며, 신이 없다면 신앙민이 기원할 대상이 없게 된다. 또 신앙민이 없다면 심방이 무슨 할 일이 있으며, 심방이 없다면 고단한 현실에 놓여 있는 신앙민이 어떻게 신에게 비념을 올릴까. 그래서 이 삼 요소의 상호의존성은 두말할 것도 없다.

그런데 이 삼 요소에서 심방의 위상은 좀 특별하다. 서로 차원이 다른 신과 신앙민을 교통(交通)하게 하는 물리적, 심리적 조건이기 때문이다. 말하자면 심방은 신앙민이 신을 만나는 공간인 신당을 매고 있는 '매인심방'이고, 신에게 신앙민의 비념을 전달하고 신의 뜻을 신앙민에게 전달하는 매개자이기 때문이다. 그야말로 심방은 신과 신앙민이 서로 만나게 되는 접점이다.

따라서 심방의 능력과 위엄, 신앙민이 심방에 대해 가지는 신뢰는 무속신앙을 지속시키는 중요한 요소가 아닐 수 없다. 하기야 이러한 관계는 다른 종교에서도 마찬가지이다. 스타급(?) 목사가 집도하는 예배에 수십만의 신도가 모이거나 큰(?) 스님의 법문을 듣고자 대중이 구름떼같이 모여드는 사건들은 미디어를 통해 심심찮게 듣는 얘기 아닌가. 다만 제주도 심방은 하나의 마을 단위에서만 신앙민과 관계를 맺기 때문에 엄청난 인파를 몰고 다닐 일이야 아예 없지만, 그래도 신당의 위세와 신앙민의 규모에 변화를 일으키는 심방의 역할은 제주도 마을 여러 곳에서 확인된다. 이에 얽힌 얘기 한마디.

구좌읍 한동리. 해안 쪽으로는 서쪽의 행원리와 동쪽의 평대리에 접해 있고, 중산간 쪽으로는 덕천리와 송당리를 접하고 있는 마을. 자연히 해안 쪽 마을은 아랫한동, 중산간 쪽 마을은 윗한동으로 나누어 부른다. 나이 드신 분들은 마을의 옛 이름이 괴리 혹은 괴이리라 불리었다는 데서, 지금도 웃괴, 알괴로 일컫기도 한다.

윗한동 마을을 지나 남쪽 방향, 속칭 '왕듯돌거리'에 〈한동리 본향당〉이 있다. 이 역시 어르신들은 마을의 옛이름에 따라 부르는데, 그 이름이 대단히 거창하다. 〈괴본산국〉. '괴'는 마을이름이고, '본산국'은 본향당을 일컫는 말[120]일 터인데, 그 말에 나라 '國'자를 붙였다. 마을수호신이 거하는 곳에 나라 '국'자를 붙인다? 뭐, 논리적으로 따질 문제는 아니다. 그만큼 본향당에 위엄을 둔다는 것일 테고, 또 그만큼 '괴리' 즉 한동리에 위세를 더하겠다는 것 아닌가.

본향당이 위치한 곳은 동백나무, 팽나무가 어우러진 그윽한 숲 그늘이다. 밖에서 얼핏 보기에도 그 숲 그늘이 예사롭지 않다. 숲 그늘 틈으로 보이는 나무에 걸린 지전물색이 이곳이 신당임을 알려준다. 짙은 숲속에 있음에도 동산 비탈에 기대어 길게 자리잡은 당은 의외로 훤칠하게 넓은 느낌을 준다.

당 안에는 제단이 여러 곳이다. 정면 가운데 일 미터 높이의 벽을 쌓아, 제단을 두 군데로 나누어 놓았다. 왼쪽은 본향신인 구일할망이 좌정한 할망 제단, 오른쪽은 구일하르방 제단이다. 할망신의 제단은 제단의 격식을 잔뜩 차려 위엄이 가득하다. 삼각 구도 형식으로 두 제단 맞은편에 삼천벵메 제단이 있다.

구일할망. 한동리 본향당신의 이름이다. 본풀이로는 구월구일할망이다. 마을 어른의 말로는 이 근방에서 한동신이 제일 세

---

**120)** 진성기 선생은 본산국을 본적지를 뜻하는 당신명(堂神名)이라고 한다(진성기, 『무가』, 435쪽).

**그림 51** 구좌읍 한동리 〈한동본향당〉 전경.

어서 아무 심방이나 함부로 모시지 못한단다. 그래서인가, 마을 사람들은 한동리 본향을 매고 있던 강○○ 심방은 큰 심방이었다고 입을 모은다. 강○○ 심방이 살아 있을 때에는 한동리는 물론이고 구좌읍 일대에 그 명성을 떨쳤다고 한다.

그런데 강○○ 심방이 1995년 세상을 뜨고 나니, 한동리 본향을 맬 심방이 마땅치 않았다. 대개는 심방인 남편이 죽은 후에는 그 부인이 당을 맡는다. 평생을 함께 당의 일을 해 왔으므로 부인역시 당의 본을 아주 잘 풀어낸다. 그러나 강○○ 심방의 부인은 당을 맬 수가 없었다. 한동 본향은 남자만이 당을 맬 수 있기 때문이다. 강○○ 심방의 수양딸로서 굿판을 따라 다니던 김○○ 심방 역시 여자이기 때문에 그 당을 계승할 수가 없었다.[121] 게다가 강○○ 심방에게 아들이 둘 있었으나 모두 심방을 세습하지 않으려 했으니, 도대체 멩두를 누구에게 넘길[122] 것인가? 결국 강○○ 심방의 부인은 애월읍 고내리 출신 문○○ 심방을 수양아들로 삼아 멩두를 넘겼다.

그러나 이게 웬일인가? 문 심방이 한동 본향을 맡은 이후, 제일에 당을 찾던 신앙민이 현격하게 줄어들었다. 여름의 마불림제에는 그저 너댓 사람이 다녀갈까 말까 할 정도였다. 상황이 이러니, 여자여서 당을 계승하지 못했던 강 심방의 부인과 김 심방은 한마디 하지 않을 수가 없다.

"당의 본을 잘 풀지 못하는 거라!"

'당의 본'이 구송하는 본풀이 내용이라면, 풀고 못 풀고 시비 걸 정도가 못 된다. 그거야 몇 번 듣고 암송하면 그뿐이다. 게다가 〈한동본향당〉의 본풀이 내용은 그다지 길지도, 드라마틱하지도 않다. 어쩌면 이 여성들이 '못 푼다'고 비난하는 것은 신명을 살리지 못한다는 말이 아닐까? 원래 본(本)을 푼다는 것은 신을 '신나

---

121) 여자이기 때문에 한동본향을 매지 못하였던 김○○ 심방은 구좌읍 월정리의 매인심방이 되었다.

122) 멩두는 신칼, 산판, 요령 등 무구(巫具)인 삼 멩두를 일컫는다. 여기서 '멩두를 넘긴다'는 당을 세습한다는 의미이다.

락 만나락'하기 위한 것이다. 신의 내력담이 곧 '본'이고, 신의 내력담을 풀어내는 것은 신을 기쁘게 하기 위한 것이다. 이치로 본다면 신이 신나락 만나락해야 인간들의 기원을 잘 들어줄 것 아닌가. 그런데 신이 신나락 만나락하는 것을 어떻게 아는가? 알 길은 없다. 그저 사람이 막연히 짐작할 뿐이다. 막연히 짐작하는 것이기에 그 기준은 자신이 될 수밖에 없다. 말하자면 심방이 본풀이를 듣는 사람의 가슴이 후련해질 정도로 구송하면 신이 신나락 만나락했다고 짐작하는 것이다. 이런 사정으로 보면, '본을 잘 풀지 못한다'는 것은 신앙민들의 가슴을 후련하게 하지 못한다는 말에 다름 아니다.

결국 '본을 잘 풀지 못하는' 심방이 한동 본향을 맡은 이후로 하나둘 신앙민의 발걸음은 신당으로부터 멀어졌다. 더불어 괴본산국이라는 〈한동본향당〉의 위엄도, 신의 위세도 한풀 꺾였다. 설상가상으로 신앙민이 크게 줄어들자 당을 세습했던 문 심방조차도 매인심방 역할을 소홀히 했다. 심지어는 당 제일에 나타나지 않기도 했다. 상황이 이렇게 되자 가장 안타까운 사람은 강○○ 심방의 부인이었다. 당을 찾는 신앙민의 수가 몇 사람이 되지 않을지라도 본향신의 내력을 풀고 신앙민을 위한 축원을 해야 한다는 것은 강 심방 부인이 지니고 있는 확고한 신념이었다. 그런데 심방이 제일에 〈본향당〉에 나타나지 않다니!

강 심방 부인의 안타까움은 한때 마을의 본향을 매고 있었던 큰 심방의 부인으로서 신앙민에 대해 갖는 책임감이기도 하고, 또한 남편과 함께 신을 모셨던 사람으로서 신에 대해 갖는 의무감이기도 할 것이다. 그 책임감과 의무감을 스스로 자신이 짊어져야 할 원죄로 여기는 강 심방 부인, 그녀는 다시 〈한동본향당〉을 매어 줄 심방을 수배하지 않을 수 없었다.

신앙민도 몇 되지 않는 마을의 당을 누가 매려고 할까? 게다가 이제 심방도 많지 않은 터이다. 강 심방 부인은 그나마 신앙민의 수가 제법 되는 신년과세 때만이라도 축원해 줄 심방을 어렵사리 구했는데, 놀랍게도 여자 심방이다.

"아니, 〈한동본향당〉은 원래 남자만이 맬 수 있는 당 아닙니까? 이럴 것 같으면, 예전에 부인이 당을 세습하지 않구요."

필자가 던지는 말에 강 심방 부인의 대답이 걸쭉하다.

"세태가 바뀌었지. 요즘은 남녀평등이라며? 그러니까 여자가 매어도 되지!"

할 말이 없다. 그 대답이 액면 그대로가 아니라, 그것밖에는 대안이 없었다는 안타까움이 묻어나기 때문이다.

제주도 곳곳의 마을에서 신당이 위엄을 잃기도 하고, 심방이 없어 신앙민 혼자 비념하는 일도 더러 있지만, 적어도 구좌읍 지역은 아직도 신당의 위엄, 심방의 위세 그리고 신앙민의 규모가 튼실한 지역이다. 한동리에 이웃한 마을에서는 정초에 신앙민들이 신당을 가득 채우고, 매인심방은 신명나게 당굿을 하는데, 발길 뜸해 고적한 〈한동본향당〉을 바라보는 강 심방 부인의 심경이 오죽하랴.

참으로 심방이 위세가 있어야 신당도 살고, 신의 위세도 살아나는 것을.

# 동티, 그리고
# 신과의 화해

## 안덕면 사계리 〈개당〉, 제주시 오라동 〈도노미본향당〉

'동티난 이야기'는 참 흥미롭다. 합리적이고 논리적인 사고로는 설명할 수 없는 일이어서 흥미롭고, 그것이 실화이기에 더욱 흥미롭다. 건드리지 말아야 할 것을 잘못 건드렸을 때, 말하자면 금기를 어겼을 때 동티가 나는 것이니, 그런 사건을 듣게 되면 누구라도 슬며시 움찔하게 된다. '혹시 나는 동티날 짓을 하지 않았는가?', 순간 두려워지는 것이다.

동티를 일으키는 생활 속 금기는 많다. 대개는 민속으로 알려져 있으나, 기실 동티의 뿌리를 더듬어 가면 우리네 민간에서 전승되던 신앙과 결부된 것들이다.

본래 한국의 무속신앙에서 신앙되는 신은 공통적으로 재앙신적 성격이다. 말하자면 그 성격상 선신(善神)인 신도 잘 모시지 않으면 신앙민에게 벌을 내리는 존재로서 인식되는 것이 바로 무신이다. 따라서 신을 잘 모시지 않으면 벌을 받는다는 공포감이 신앙민에게 존재하며, 이 공포감은 금기의 적극적 수용이라는 행동으로 이어진다. 이를테면 돼지고기가 금기인 당이라면 돼지고기를 먹은 사람은 '몸을 버렸기 때문에' 당에 가지 않는다. 그래서 당에 가야 할 일이 있는 사람은 '몸을 버리지 않도록' 정성을 해야 한다. 만약 정성을 하지 않으면 반대급부의 재앙이 온다는 것을 믿고 있는 사람, 바로 그 사람이 신앙민이다. 그래서 '믿음'은 '금기를 지킴'과 표리관계를 이룬다.

그러나 세상이 바뀌면 '믿음'이 없어지기도 하는 법이다. 어차피 '믿음'이란, 그것이 정서적 차원이거나 이지적 차원을 막론하고 세상이 만든 '지적인 구성물' 아니던가. 어떤 믿음 혹은 지식을 생산하고 유통하는 힘의 강세에 따라서, 사회의 지배적인 패러다임에 따라서 믿음의 내용은 얼마든지 바뀔 수 있다. 옛 탐라 시절로부터 제주인들이 믿어 온 당신앙이 어느 순간에 흔들리거나 버려지는 것 역시, 그것이 '지적인 구성물'이기 때문이다.

그런데 제주도 마을 곳곳에서는 신당에 대한 믿음을 저버림으로써 동티난 애기가 수다하게 전해 오고 있다. 뿐만 아니라 동티를 풀어낸 애기도 많다. 이런 현상을 어떻게 볼 것인가? 이는 아직도 제주도의 당신앙이 '지적인 구성물'로서 효력을 지니고 있기 때문이라고 해야 할 것이다. 그렇지 않다면 동티도, 동티를 풀어낸 애기도 회자되지 않았을 것이다. 그래서 동티난 이야기 그리고 동티를 풀어낸 이야기는 묘하게도 당신앙을 지속시키는 하나의 기제가 되기도 한다.

그 묘한 이야기 하나. 안덕면 사계리에는 당을 훼손한 자가 다시 당을 만들어 모신 사연이 전해진다. 바로 〈개당〉에 얽힌 이야기이다.

사계리 포구 동쪽 끝자락, 바다 사고를 막기 위해 어부와 해녀들이 다니는 〈개당〉이 있다. 〈개당〉이 언제 설립되었는지는 정확하지 않지만, 〈개당〉은 두 번의 화를 당했다. 처음은 4·3사건 당시 서북청년단에 의해 불태워진 것이다. 그러나 그 뒤 시절이 누그러지자 어부와 해녀들이 다시 당을 모셨다.

두 번째 사건은 박정희 정권 때 일어났다. 1970년 초반 새마을운동 당시는 미신 타파 운동의 일환으로 공무원들이 앞장서서 신당을 파괴하고 다녔던 때였다. 안덕면에 근무하던 장 순경은 당국으로부터 철거명령을 받고는 〈개당〉을 철거해버렸다. 〈개당〉의 규모가 작아서 혼자서도 너끈히 철거할 만했을 것이다. 그런데 그 일이 있은 후, 갑자기 장 순경은 눈병이 났다. 사방팔방으로 쫓아다니며 치료를 해도 눈병은 도무지 나을 기미를 보이지 않았다. 주변에서는 당연히 동티났다고 하였다. 그제야 장 순경은 스스로 담을 쌓고 당신을 모셔 당굿을 하면서 잘못을 빌었다. 물론 눈병은 깨끗이 나았다. 당신의 용서를 받은 셈이다.

장 순경이 만들었다고 하는 당은 슬레이트로 지붕을 얹은 한 평 남짓한 규모이다. 네모진 조그만 방 안에 향로와 촛대, 그리고 정면에 신체인 신함을 모시고 있다.

대개의 〈개당〉은 개인적으로 다니는 당이기에, 그 규모가 조그마하기는 일반이다. 그렇다고 해도 당신의 영험한 징벌을 벗어

**그림 52** 안덕면 사계리 포구에 자리한 〈개당〉. 뒤로 산방산이 보인다.

나기 위해 세운 당이라기에는 그 모양새가 좀 초라하다. 더욱 지저분하게 정리되지 않은 당 주변을 보면 당에 대한 경건함도 별로 없는 듯하다.

그러나, 모른다. 초라하다는 이러한 생각은 신을 초월적인 거룩한 그 어떤 존재로 상정하고 있는 우리의 생각일 뿐, 저희와 함께 살며 저희들의 길흉을 담보해 주는 친근한 신의 이미지를 가지고 있는 마을 사람들에게는 굳이 당의 위엄과 경건을 염려할 이유가 없는지도 말이다.

또 하나의 묘한 이야기.

안덕면 사계리 〈개당〉이 한 개인의 동티난 경험에 관한 것인데 비해, 마을 전체가 동티난 곳도 있다. 제주시 오라동 정실마을이 그곳이다.

정실마을에서 정월 당굿이 열리면, 남녀를 불문하고 또 아이들까지 함께, 집집마다 제만큼씩의 제물을 차려 삼삼오오 모여든다. 다른 마을에서는 당에는 여자들만 가는 곳이라고 단호히 고개를 젓는 남자들을 만나기 일쑤인데, 이 마을의 남자 어른들은 온 마을 사람들이 당굿에 간다는 것을 당연하게, 그리고 자랑스럽게 말한다.

어떻게 이 마을은 이렇게 독특한가? 하기야 역사를 거슬러 올라가면 남자라고 당에 가지 않았으랴. 인간의 생로병사와 화복을 기원하러 가는 길에 남자라고 빠졌을 리 만무하지만, 조선조를 거치면서 어느 결에 당에 빌러 가는 일이 여자들의 몫이 되었을 뿐이다. 그러나 세월의 변화 속에 다른 마을에서는 당에는 여자들만 간다는데, 유난히 정실마을에서는 남자들도 당에 가서 정성을 들인다. 거기에는 특별한 사연이 있다.

1945년 8월, 일제로부터 해방되던 바로 그때. 정실마을 아이들이 몽땅 병에 걸렸다. 하나둘이 아픈 것이라면 모르되, 온 마을의 아이들이 모두 시름시름 아픈 것은 예삿일이 아니었다. 온갖약을 써보아도, 어느 아이 하나 좋아지는 기색이 없었다.

얼마나 두려웠으랴. 돌림병이라면, 아이들만 앓을 리가 없지 않은가. 이는 분명 신의 조화라고 볼 수밖에는. 마을에서는 급기야 심방을 불러 굿을 했다. 심방의 공수[神託]인즉, 본향당신이 노했다는 것이다.

공수를 듣고서야, 마을 사람들은 흠칫 놀랐다. 아뿔싸! 〈본향당〉이 부정탔구나!

일제강점기 때에는 당에 다니는 것을 미신이라고 해서 마음놓고 다니지도 못했다. 그러던 차에 일본군이 본향당의 너른 터에 온갖 무기를 쌓아두었다. 〈도노미본향당〉은 바위굴 형태여서무기든 물건이든 쌓아두기에는 안성맞춤이었을 것이다. 신이 좌정한 자리에 무기가 쌓였으니, 마을에서는 아예 당에 다닐 엄두조차 내지 못하였다. 그러던 중에 종전(終戰)이 되고 일본군도 떠나갔지만, 당에는 일본군이 남겨둔 온갖 잡동사니들이 쌓여 있었다.

심방의 말대로라면, 일본군이 물러갔는데도 당을 미처 치우지 않고 있는 마을 자손들에게 당신은 화가 났던 것이다. 마을 사람들은 부랴부랴 당을 치우고, 본향당신에게 용서를 비는 굿을

**그림 53** 제주시 오라동 〈도노미본향당〉.

하였다.

이게 웬일일까! 희한하게도, 거짓말처럼 아이들의 병이 나았다.

그런데 마을 사람 모두가 당신이 노했다는 심방의 말을 곧이들었을까? 개중에는 허튼소리라고 생각하는 사람도 있었을 것이다. 그러나 본향당신에게 용서를 구하자마자, 그렇게 애를 써도 낫지 않던 아이들이 몽땅 나으니, 어떻게 믿지 않을 수 있을까. 그제야 모두 본향당신의 영험함에 놀랐던 것이다. 말하자면 아이들의 병은 본향당신을 노하게 한 벌, 즉 동티가 났음을 온 마을 사람들이 함께 확인했던 것이다.

집단적인 경험만큼 의문의 여지가 없는 게 어디 있을까? 정실마을은 본향당신의 존재를 집단적으로 경험했던 것이고, 그 두렵고 놀라운 경험이 지금도 마을 사람들을 모두 당굿에 참여하게끔 하고 있는 것이다.

그런데 비록 놀라운 집단적 경험을 했다고 하더라도, 이미 오륙십 년의 시간이 흘렀다. 당시의 어른들은 상당수가 이미 세상을 떴고, 마을 사람들도 이사 가고 또 오면서 상당수 바뀌었을 것이다. 게다가 요즘 젊은 사람들은 그야말로 신교육을 받은 사람들이라 윗대의 경험을 그리 신중하게 받아들이지 않는다. 그런데도 온 마을 사람들이 함께하는 정실마을의 당굿은 변함없다. 다만 그 횟수가 2년에 한 번으로 바뀌었을 뿐이다.

도시에서, 그것도 신제주 중심가에서 자동차로 오 분, 길어야 십 분이면 도착하는 동네에서, 이러한 신앙 행위가 지속되고 있다는 것, 그것만으로도 도대체 그 당이 어떤 당인지 궁금해지지 않는가.

신당이라고 하면 왠지 모르게 을씨년스럽고 으스스한 분위기일 것이라고 짐작하는 사람들은, 이 당에서 그 고정관념이 무너진다. 정실마을의 본향당, 〈도노미본향당〉은, 우선 넓고 밝고 편안하다. 봄날이면 도시락이라도 싸서 햇살 좋은 풀밭에 펼쳐놓고 한가롭게 주저앉아 봄날을 즐기고픈 그런 곳이다.

당의 이름부터 얼마나 정겨운가! 〈도노미본향당〉. 정실마을의 옛 이름이 도노미(혹은 도내미)이다. 세월이 지나 지금은 누구나 정실이라는 이름에 익숙하지만, 도노미라는 정겨운 이름은 본향당의 이름으로 그대로 살아있다.

〈도노미본향당〉은 마을을 감아 도는 내천 가에 자리해 있다. 신이 좌정한 자리는 커다란 나무로 뒤덮인 바위그늘, 움푹 파인 바위굴이다. 바위굴의 형상이 기막히다. 바위그늘 집자리와 흡사하여, 이곳이 당이 아니라 하여도 찾아올 만큼 독특하다. 굴은 마치 목젖이 목구멍을 양쪽으로 갈라놓은 것처럼, 자연적인 돌기둥이 가운데 서서 굴을 두 공간으로 나누고 있다. 우묵한 바위그늘, 그 위로 늘어진 나뭇가지들이 어우러져 만들어내는 형상만으로도 왠지 모를 신비감이 있고, 그 커다란 바위 앞으로 펼쳐진 훤칠한 풀밭은 사람을 편안하게 하는 넉넉함이 있다.

당의 입구에는 작은 샘이 있는데, 이 샘이 정실이라는 마을 이름의 그 우물[井]이다. 예전에는 이 물이 바로 마을 사람들의 식수였다고 하는데, 그렇다면 마을의 중심이 되는 우물 바로 옆에 마을을 보살피는 본향당신이 좌정해 있는 셈이다. 이쯤 되면 신당이 얼마나 마을 사람들의 생활 한가운데에 자리했는지 짐작된다. 본향신은 당에 빌러 오는 사람들뿐 아니라, 아침저녁으로 물길러 오는 마을 자손들을 굽어보았을 것이고, 또 마을 자손들은 우물에 물 길면서 언제나 너그럽고 다정한 할머니처럼 우물 곁에 좌정한 본향신을 느꼈을 것이다. 하기야 노하시면 무서운 신이기는 하지만.

# 신당 가는 길도
# 편리해야

## 서귀포시 법환동 〈앞본향당〉

서귀포시 법환동. 동서로 길게 바다
와 접해 있는 마을. 법환동 〈본향당〉은 법환리 포구에서 서쪽 방
향으로 해안을 따라 곱게 닦인 농로를 따라가면 눈이 시원할 만
큼 전망 좋은 곳에 있다. 앞에 탁 트인 바다를 바라보고 앉은 자리
여서인가, 본향당 이름도 〈앞본향당〉이다.

〈앞본향당〉은 최근 담을 새로 단장했는데, 돌담 쌓아 올린 모
양이 신당의 돌담으로는 좀 낯설다. 제주의 돌담은 자연석을 얼
기설기 올려놓아 투박하지만 소박한 품새가 여간 정겹지 않은데,
이곳에 새로 단장한 돌담은 그 높이나 매끈하기가 아무래도 어디
부잣집 별장이거나 관광지 입구 같은 분위기다.

게다가 돌담의 길이도 만만찮게 길다. 도대체 본향당에 웬 돌
담길인가, 뜨악할 정도로 돌담이 긴 것은 당이 여러 개 늘어서 있
기 때문이다. 즉 〈본향당〉, 〈일뤳당〉, 〈여드렛당〉, 중산[123])이 한

곳에 모여 있다. 원래 나지막하고 소박하게 쌓인 돌담을 높다랗게 쌓다 보니 돌담 길이가 더 길어 보인다.

사실 사회 변화에 따라 여러 곳의 당들이 통합되는 경우는 제주도 전역에서 두루 나타난다. 그런데 두 개 이상의 당이 통합되는 경우라도 어느 한 당에 여러 신을 합좌시키는 통합 형태이므로 나머지 당은 폐당된다. 이런 일반적인 현상과 비교하면, 법환동의 경우는 특별하다. 폐당을 하지 않은 채 다만 같은 장소로 여러 곳의 당을 이전했기 때문이다.

원래 이곳은 〈앞본향당〉만 있던 곳이었다. 〈앞당〉은 자연석으로 타원형 돌담을 쌓고, 입구를 서쪽과 남쪽에 두 곳 두었다. 제단은 50센티 높이에 가로 6미터 정도로 상당히 넓다. 그런데 〈앞당〉 바로 곁, 〈앞당〉에 의지하여 〈일뤳당〉과 〈여드렛당〉이 옮겨온 것이다. 이 역시 제단을 넓고 길게 마련하여 한쪽에는 일뤳당신, 다른 한쪽에는 여드렛당신을 좌정시켰다. 한편 원래 중산은 〈앞당〉 바깥 자그마한 장소에 있었는데, 당을 새로 조성하면서 〈일뤳당〉, 〈여드렛당〉 제단 끝머리 구석진 곳을 중산으로 관념하고 있다. 이렇듯 바닷가 작은 언덕에 기대어 길게 제단을 여러 곳으로 만들었으니 돌담이 길어질 수밖에.

과연 어떤 연유가 있어 세 당을 한군데에 모았을까? 그 내력은 의외로 단순하다. 제각각 멀리 떨어져 있는 〈일뤳당〉, 〈여드렛

---

123) 중산에 대해서는 11장 2절 참고.

**그림 54** 서귀포시 법환동 〈앞본향당〉 입구.

당〉이 다니기 불편해서 한곳에 모았단다. 그것 참!

원래 당은 저마다 기능이 있어서 굳이 한군데 있지 않아도 좋다. 〈일뤳당〉에 비념할 일이 있으면 〈일뤳당〉에 가면 될 것이고, 〈여드렛당〉에 비념하러 다니는 사람은 〈여드렛당〉만 가면 된다. 다만 신년 과세문안 할 때는 마을의 여러 당을 한 바퀴 돌기는 하지만, 자주 있는 일도 아닌데 그것이 그리 불편해서 당을 옮겨야 할 정도였을까?

마을 여인들의 말로는, 당을 옮겨오는 '결정을 심방이 했'단다! 당이 한곳에 있어야 사람들이 편리할 것이라고 내린 결단이란다. 이쯤이면 굉장한 힘이다. 신의 거처를 옮기는 것도 만만치 않은 일인데, 그것도 본향당에 붙여 또 다른 두 신을 거처하게 한다? 사람살이라면 자칫 송사날 일이다. 내 집 처마에 기대어 누군가 더부살이를 한다면, 그게 쉽게 용납될 일인가! 어쨌든 심방은 큰굿 한판 신나게 벌이고는 여러 신을 이웃하여 도란도란 모셔버렸다! 심방이 벌인 굿은 한편으로는 신들을 달래는 굿이고 다른 한편으로는 당을 옮기는 일을 염려하는 다른 목소리들을 무마하는 굿이었을 것이다. 어쩌면 심방 자신의 영향력을 더욱 공고히 하는 굿이었는지도 모르겠다. 법환리에 살고 있던 여러 심방 중에서 오직 자신만이 사람과 신을 두루 달래며, 마을의 당들을 한자리로 정리할 수 있음을 굿 한판으로 확실하게 보인 셈이니 말이다. 여하튼 이 큰일을 어렵잖게 해치운 이는 법환리에 살고 있는 만기각시 혹은 왕일이 어멍이라고 불리는 심방이다.

한곳에 마을의 여러 당이 모여 있으면 아무래도 편리하기는

할 것이다. 게다가 〈앞본향당〉이 해녀탈의장 바로 곁에 있어, 당
에 주로 다니는 해녀들이 조석으로 오가는 길이니 오죽 편할까.
더군다나 얼마나 좋은 장소인가. 눈을 들어 어디를 바라보아도
푸른 물빛, 하늘과 맞닿은 바다. 코앞에는 범섬이 그림처럼 앉아
있고, 저 멀리 섶섬과 문섬까지 다정하게 떠 있는 바다를 보노라
면, 세상사 이런저런 고민이 훌훌 날아가 버릴 것 같은 곳이다. 어
쩌면 법환리 심방은 편의를 도모하기보다는 답답한 사람살이 숨
통 틔우라고 당을 옮겨놓았는지도 모르겠다. 사람살이를 먼저 염
려하는데, 신인들 어찌 쫓아오지 않을 수 있으랴.

　법환동 〈앞당〉의 내력을 더듬다 보면, 신력도 사람하기 나름
이고, 신이라는 관념도, 신에 대한 정성도 사람의 마음 그 이상 아
니라는 생각이 절로 든다.

　당신의 본을 잘 풀어야 '신이 신나락 만나락 한다.'는 옛말도
허사(虛辭)라 할 만큼, 법환동 본향의 본풀이는 오락가락이다. 어
느 심방은 본향당신이 '요왕황제국 뜻님애기'라 하고, 어느 심방
은 '배염줄이[124] 일뢰중ᄌ'라 하고, 신의 내력담도 있으나마나 할
정도이다. 내력담을 몰라도, 또 신의 이름이 무엇이건 간에, 그저

---

124)　'배염줄이'는 앞당이 있는 곳의 지명이다. 1374년 제주에 목호의 난이 일어
　　　나자, 그 난을 평정하기 위하여 최영 장군이 군을 영솔하고 제주도로 왔다.
　　　최영 장군이 목호들과 접전을 벌여 크게 승리하자, 목호의 잔당들이 범섬으
　　　로 들어가 항거하였다. 이에 최영 장군은 범섬을 공격하기 위해 나무로 배
　　　를 엮어 범섬까지 이었는데, 이런 유래로 이곳을 '배염줄이'라고 한다.

고단한 마음을 안고 이 당을 찾아오는 사람들은 앞당 할망 앞에서 '조상님, 살펴주십시오.'라고만 빌면 될 뿐인 걸.

이제, 당을 옮겼던 심방도, 그리고 마을에 살던 다른 심방도 모두 연로하여 세상을 떠났다. 더 이상 당을 맡아 할 심방이 없는 처지라서 신앙민들은 간단한 제물과 마음으로 정성하는 도리밖에 없게 되었다. 신당 가는 길만 편리해진 것이 아니라 드디어 당신에게 제를 올리는 절차도 편리해진 셈이다. 편한 것이 더 좋은 것이라고 권하는 세태 속에서, 마음으로 정성 올리는 것조차 버리는 게 편하다고 권하게 되지나 않을지 모르겠다.

**그림** 55 서귀포시 법환동 〈앞본향당〉 내부.

10장

역사에 대한
다른 기억

# 욕심 많은
# 김통정

## 애월읍 고내리 〈큰당〉

김통정 장군. 대한민국에서 교육받은 사람이라면 어지간히 아는 이름이다. 그에게는 '외세에 저항한'이라는 수식어가 늘 따라붙는다.

그렇다. 그는 1270년 진도를 본거지로 대몽항쟁을 이끌었던 배중손의 휘하에 있었던 사람이다. 그러나 고려와 몽골 연합군은 1271년 5월, 진도에 대한 총공세를 폈고, 배중손은 진도의 함락과 함께 죽었다. 김통정은 살아남은 삼별초를 규합하여 탐라로 들어왔다. 당시 탐라에는 이미 삼별초가 들어와 있었다. 그렇다면 탐라에서 대몽항쟁을 벌였던 삼별초의 규모는 어느 정도였을까?

그 수를 짐작할 수 있는 실마리 하나. 그 당시 남해현을 점거하고 있던 삼별초의 장수 유존혁(劉存奕)이 삼별초의 잔여 세력이 제주도로 들어갔다는 소식을 듣고는 배 80척을 거느리고 제주도로 들어와 김통정과 합류했다 한다.[125] 또 두 번째 실마리. 제주에 있는 삼별초를 진압하기 위해 1273년 제주에 상륙한 여몽연합군의 수가 1만 2천 명 혹은 1만 5천 명[126], 160척의 선단이었다 한다. 양측의 선단 규모와 인원수를 대비해 보면, 김통정이 거느린 삼별초 역시 적어도 만 명은 되었을 것이다.

제주에 들어온 삼별초는 현재 제주시 애월읍 고성리에 거점을 마련하였으니, 이름하여 항파두성(缸坡頭城)이다. 삼별초에 의하여 구축된 항파두성은 둘레 700m 정도의 석성(石城)인 내성과 둘레 6km에 달하는 토성(土城)인 외성으로 이루어져 있다. 토성으로 둘러진 면적이 24만 평에 달한다니, 가히 삼별초의 규모가 짐작된다. 더욱이 항파두성은 동쪽으로는 고성천, 서쪽으로는 소왕천을 끼고 있고, 바다가 한눈에 보이는 천연의 요새지였다. 이처럼 천연의 요새지에 거점을 구축하고 내·외성을 견고히 쌓을 정도였으니, 당시 제주 사회에 미치는 김통정의 영향력도 막강했을 것이다.

국립제주박물관이 간행한『濟州의 歷史와 文化』라는 책에는 다음과 같은 구절이 있다.

---

125) 제주도지편찬위원회,『濟州道誌』제2권, 제주도, 2006, 256쪽.
126) 『濟州의 歷史와 文化』(국립제주박물관, 2001, 112쪽.)에는 여몽연합군의 수를 1만 5천 명으로 기재하고 있고,『濟州道誌』제2권(제주도지편찬위원회, 제주도, 2006, 260쪽.)에는 1만 2천 명으로 기재되어 있다.

"…고려 중앙정부의 통치방식에 강한 거부감을 가지고 있었던 제주도민들은 삼별초의 항전에 적극 가담하였다. 아마 제주 삼별초의 지휘자 김통정이 가졌던 카리스마는 진도의 지휘부가 가졌던 그것보다 훨씬 강력하였던 것 같다."[127]

이 구절은 묘한 뉘앙스를 풍긴다. 삼별초가 진도에 거점을 두고 있을 당시, 그들은 우수한 해군력을 바탕으로 여몽군과의 대결에서 여러 차례 승리하였고, 전라·경상도의 남부 연안 지역을 장악할 정도의 세력을 갖고 있었다. 그런 진도의 지휘부보다 김통정의 카리스마가 강력했다? 어떤 의미일까? 또 제주도민들이 삼별초의 항전에 적극적으로 가담했다니, 과연 자발적이었을까? 모를 일이다.

만약 제주인이 적극적으로 가담했다면 이유는 두 가지일 것이다. 하나는 고려 중앙정부에 대한 거부감이라는 공통감각일 것이고, 다른 하나는 가담하지 않을 수 없는 위협적 상황 때문이었을 것이다.

그런데 아무래도 전자보다는 후자일 것 같다. 먹고살기도 팍팍한 제주 땅에서, 장장한 토성을 쌓고 군사 조직을 길러낼 때에 제주인의 고혈을 축내지 않았다고 보기는 어렵다. 그런 상황에서 기꺼이 가담할 사람이 어디 있겠나.

---

127) 『濟州의 歷史와 文化』, 국립제주박물관, 2001, 110쪽.

게다가 놀랍게도 김통정의 삼별초를 못내 증오하는 민간의 증거가 있다! 바로 항파두성이 있는 고성리와 지척인 고내리이다. 애월읍 고내리 마을수호신, 즉 고내리 본향당신은 김통정 장군을 죽인 장수이다. 만약 당시에 제주 사람들이 김통정에게 자발적으로 가남하였다면, 김통정을 죽인 장수를 당신으로 모실 리가 있을까? 뿐만 아니라 고내리 〈본향당〉 본풀이에는 김통정 장군을 욕심 많고 야비한 인간으로 묘사하고 있다.

김통정에 대한 제주인의 정서를 읽기 위해 제주어 그대로 옮겨 본다.

짐통정 장수가 와서 보니/ 우마와 생산이 잘 낳니/
그것을 욕심ㅎ고/ 탐라국을 먹을랴고/ 무류탐심ㅎ니/
천주국이선 짐통정 장수를/ 잡을려고 삼장수를 보내였습네다/
황서따에 황서님/ 을서따에 을서님/ 국서따에 국서님/ (중략)
김통정이는 삼장수를 피홀랴고/
각 백성에게/ 불체 닷되, 비 흔줄리를 받아서/
불체는 토성에 끌고/ 비추록은 물꼴리에 돌아서/
물을 타고 성위를 돌렸습네다/
성우에는 불체로 안개가/ 탕천ㅎ니/
삼장수는 가남을 못ㅎ였습네다/
그러나 최후에는 삼장수가/ 토성꼬지 닥쳐왔습네다/
토성이 높아지고/ 무쇠문은 중가서/ 들어가지 못ㅎ니/
어떠흔 여생의 말을 듣고/

무쇠문에/ 석둘 열흘 백일간을 불미를 ㅎ니/

무쇠문이 녹아졌습네다/

삼장수가 성안에 들어갈 때/ 짐통정이는 도망가게 되었습네다/

김통정이 처는/ 유태를 ㄱ졌는디/ 짐통정이가 도망가멍/

내가 엇이민 너도 죽나/ 내 손으로 엇이ㅎ자, ㅎ여/

처를 발로 ㅂ고/ 손으로 둥겨 찢어/ 던져두고/

짐통정이는 무쇠방석을/ 물ㅁ를, 추ㅈ 즉ㄱ에 던져/

거기에 새위몸으로 변화되어/ 그 무쇠방석을/ 꿀아 앚았습네다/

그 뒤에 황서따 황서님이/ 제비새가 되여 눌아가서/

짐통정이 머리 위에 앚고/

을서따에 을서님은 바당 새위가 되어서/

그 무쇠방석을/ 줍아댕기고/

국서따에 국서님은/ 은장도를 받아들고/

짐통정이 머리를/ 흔드르는 순간에/

짐통정 목에 비늘이/ 앗씩 들려져서/ 글로 목을 비였습니다/….128)

　　당시 제주인들이 김통정에 대해 어떤 감정을 지녔는가가 극
단적으로 드러나는 곳은 김통정이 임신한 아내를 죽이는 대목이
다. 적군에게 수모를 당할까 봐 차라리 자신의 손으로 아내를 죽
인다는 설정은 장군으로서 있을 수 있는 행동이다. 그러나 임신

---

128)　진성기, 『무가』, 582-583쪽.

한 아내를 죽인다는 것, 또 발로 밟고 손으로 찢어서 죽인다는 것
은 도무지 사람으로서 할 수 있는 일이 아니다. 본풀이에 이렇듯
김통정이 사람으로서는 할 수 없는 야비하고 잔인한 행동을 하는
사람으로 묘사되고 있다는 것은 그만큼 김통정에 대한 제주인들
의 증오심이 컸음을 반영하는 것이 아니고 무엇인가. 게다가 김
통정을 잡으러 온 천주국 장수들이 성내에 들어갈 수 있도록 마
을에 사는 어느 여성이 도왔다는 것은 제주인들이 김통정을 도왔
다는 역사 서술과는 다르다.

　돌이켜 다시 짚어보자. 1270년대 탐라에 살던 사람들은 기껏
해야 수만 명에 불과했을 것이다. 화산섬 척박한 땅을 삶의 터전
으로 삼아 도란도란 살아가는 수만의 사람들 앞에 나타난 만 명

그림 56 항파두리 항몽유적지 내의 〈항몽순의비〉.

혹은 만오천 명의 군사, 이 사실만으로도 삼별초와 제주 토착민과의 관계가 어떠했을지 대강 윤곽이 잡히지 않는가. 모르긴 모르되 제주인의 눈에는 삼별초 역시 외세 아니었을까? 게다가 일사불란한 군사 조직을 지휘하는 김통정 그리고 삼별초는 제주인들에게 두려운 존재가 아니었을까? 더러는 공출과 부역이 불가피했을 것이다. 제주인의 시각에서 보자면, 어느 날 뜬금없이 들이닥친 삼별초 그리고 김통정은 새로운 지배 세력이었을지 모르겠다. 그러지 않고는 고내리 〈큰당〉의 본풀이에 나타나는 내용이 오랜 시간 전해 내려왔을 리 만무하다. 역사라는 것, 역사적 사건이라는 것은 때로는 역사서술자의 글보다 민간에서 전승되는 이야기 속에 더 진실하게 반영될 수 있기 때문이다.

우리가 '외세에 저항한'이라는 수식을 붙여 김통정 장군을 기억하는 것은 국사 교육의 결과이다. 그런데 '국사'란 어디까지나 국가라는 추상적 실체를 중심으로 서술하는 것이어서, 각각의 입장이 상충하는 여러 레벨의 사회사를 반영하기는 어렵다. 역사 서술이 얼마나 현재주의적 오류를 범할 수 있는가 하는 문제까지 거론하지 말고, 쉽게 말하자. 하나의 사건도 국가의 관점과 지역민의 관점은 그 시각이 다를 수 있다. 그렇다면 김통정과 삼별초 사건에 대한 제주인의 일반적 이해는 국사의 시각인가, 제주라는 특수한 지역사의 시각인가? 말할 나위 없이 지역사적인 시각이 끼어들 여지는 결코 없었다.

그런 점에서 고내리 〈큰당〉 본풀이에 반영된 역사 서술은 역사에 대한 하나의 다른 기억이다. 그러나 절박한 삶을 이어가기

그림 57 애월읍 고내리 〈큰당〉의 넓은 마당. 사진 오른쪽이 당집이다. 제일인 음력 8월 15일에, 제물을 지고 당으로 들어서는 신앙민.

**그림 58** 애월읍 고내리 〈큰당〉 내부. 제일인 추석 때 본향신에게 정성을 올린 후, 심방에게 집안의 신수를 점치고 있다.

도 고단한 제주 땅 민초들의 기억은 중앙정치권력이 유포한 역사 해석의 우산 아래서 거의 파묻혀버렸다. 다만 애월읍 고내리에서만 가만가만 읊조려왔을 뿐이다. 김통정을 '욕심 많은 인간'으로 불렀던 옛사람들이 김통정이 쌓았던 성이 항몽유적지로서 국가 지정사적 제396호로 지정되고, 그 유적지 중심에 삼별초의 〈항몽순의비〉가 세워져 있는 것을 본다면, 무어라 할까?

고내리 〈큰당〉. 본풀이에 따르면, 당신(堂神)이 김통정 장군을 잡으러 온 황서땅의 장군인 황서장군이어서 〈장군당〉이라고도 하고, 또 〈오름허릿당〉을 웃본향이라고 한 것에 대비해서 이 당을 〈알본향〉이라고도 한다. 〈큰당〉이라는 이름에 걸맞게 당의 마당은 널찍하고 제장을 두른 담도 튼실하다.

너른 마당 한편에 당집이 지어져 있고, 당집 안에는 황서장군을 모신 제단이 있다. 제단에는 '본향신위'라는 위패가 단출하게 세워져 있을 뿐이다. 당집 안 벽에는 1993년 당집을 신축할 당시의 '고내리 당 신축 희사자 명단'이 액자로 걸려 있다. 또한 마당한 구석(아래 사진 왼쪽에 표석이 보인다.)에는 '재일고내부인회 공덕비'가 세워져 있다. 본향당의 봉제 및 수리를 위하여 물심양면으로 도와준 재일본 고내리 부인회에게 고마운 뜻으로 1971년 음

**그림 59** 고내리 〈큰당〉의 마당. 평생교육프로그램의 일환으로 신당기행을 하고 있고, 강사는 필자이다. 사진 왼쪽의 표석은 〈재일고내부인회 공덕비〉이다. 사진에서는 보이지 않지만 오른쪽에 당집이 있다.

력 1월 1일에 고내리 부인회가 이 표석을 세웠다는 글이 표석 뒷면에 새겨져 있다. 세월도, 세태도 바뀌어도 본향신을 섬기는 정성을 액자와 표석에서 읽어볼 수 있다. 지금도 제일인 음력 1월 1일과 8월 15일에는 마을의 여성들이 제각각 집에서 차례를 끝낸 후, 제물을 들고 당으로 찾아든다. 제장의 북쪽 담장 쪽에 마련된 제단에는 바다 일을 하는 사람들이 정성을 올리며, 당집 안의 제단에는 신앙민들이 개별적으로 준비해 온 제물을 올린다.

이 당에서 모셔지는 당신이 국사(國史)의 차원에서 외세 저항 운동의 수장으로 평가되는 김통정 장군을 잡으러 온 외래의 장군이라는 점은 제주인의 역사 인식 혹은 제주도의 지역사가 국사(國史)의 관점과 얼마나 다른가를 짐작하게 하는 하나의 중요한 실마리이다.

# 현감이 신당에
# 절하다

표선면 성읍리 〈안할망당〉, 〈윤남동산쉐당〉

　　　　　　　　　　제주도 관광에 나선 사람은 누구 할
것 없이 한 번은 꼭 들르는 성읍민속마을. 지금은 도로변을 따라
서 관광객을 대상으로 하는 업소들이 늘어서 있어 성읍리 고유의
분위기가 퇴색되는 감이 있기는 하지만, 그래도 표선면 성읍리는
독특하다. 거릿길과 샛길을 따라 오밀조밀하게 자리 잡은 마을,
올레·이문간·안거리·밖거리·모커리·마당·우영 등 제주도다운 건
축적 요소를 고스란히 간직한 나지막한 초가들, 군데군데 기품
있게 서 있는 거목들, 이 모든 것들이 어우러져 만들어내는 분위
기는 양반마을에 들어선 듯한 느낌을 주는 여타의 민속 마을과는
사뭇 다르다. 세종 5년(1423) 때부터 1914년 군현제가 폐지될 때
까지 500여 년 동안 현청 소재지였음에도 향교나 동헌을 제외하
고는 성읍에서는 조선조 유교문화의 색채를 거의 찾기 어려울 지

경이다. 그만큼 성읍리는 마을 전체가 하나의 제주 민속자료이고, 그래서 국가지정 중요민속자료 제188호로 지정되어 있다.

그러나 정작 성읍리를 더욱 독특하게 하는 것이 따로 있다. 바로 현청 마당 안에 있는 〈안할망당〉이다.

현청이 도대체 어떤 곳인가? 정의현감이 정사를 보던 동헌 아닌가. 그 이름도 거창한 일관헌(日觀軒)이다. 그런데 놀랍게도 일관헌 너른 마당 한쪽에 아담하게 신당이 자리하고 있다. 〈안할망당〉은 외양이 너무 깔끔해서 당이라기보다는 잘 정돈된 사당을 보는 듯하다. 관청 안에 있다고 해서 〈안할망당〉이요[129], 더러는 〈관청할망당〉으로도 부른다. 이름을 무엇이라고 부르건, 신당이 고을의 관청 안에 있다는 것은 놀랄 만한 일 아니겠는가.

현청은 단순히 정사만 보는 곳이 아니다. 정사를 본다는 것 자체도 성리학적 정치 질서를 구현하는 길이기도 하지만, 현청이라는 장소는 그 자체가 조선조가 민간에 유포해야 했던 유교문화의 상징이다. 그런 장소에 조선조에서 음사(陰祀)로 배척하던 신당이 버젓이 자리 잡고 있다는 것은 역사의 아이러니가 아닐 수 없다.

물론 〈안할망당〉은 지금 사진에서 보는 것과 같은 형태는 아니었다. 현재 마을의 연로한 심방의 말에 의하면, 한때는 초가였

---

129) 〈안할망당〉으로 불리는 것에 대한 다른 견해도 있다. 제주도 민간신앙에서는 집안의 고팡[庫房]에 모셔 부를 기원하는 가신을 안칠성 혹은 안할망으로 부르는데, 가신인 안할망을 마을 차원에서 마을의 부를 가져다주는 당신으로 모시고 있기에 〈안할망당〉이라고 한다는 견해이다.

**그림 60** 표선면 성읍리 〈안할망당〉.

는데 4·3사건 때에 토벌대가 현 일관헌 자리에 있던 이사무소를 주재소로 사용하면서 떠나라고 해서 잠시 다른 곳으로 옮기기도 했고, 다시 슬레이트로 지어졌다가, 1991년에 다시 기와를 올린 지금의 당집으로 개축한 것이라 한다. 여하튼 분명한 것은 현청 마당 안에서 〈안할망당〉은 오랜 세월을 지켜왔다는 사실이다. 당 안에는 이런 글이 적혀 있다.

李朝 世宗 5년 本晉舍村에 旌義邑地에 設定하니, 초대현감이 현 수호신으로 仰尊, 官民, 致 奉安하다.
辛亥년 3월 일 移設

적힌 글로 보면, 정의현청이 현재의 자리로 옮겨진 세종조 5년에 초대 현감이 당신을 모신 것으로 되어 있다. 현감이 음사인 당을 현청 안에 모셨다? 쉽게 납득할 수 있는 일은 아니다. 종6품의 외관직(外官職)이기는 하지만, 지방의 수령이나 되는 자가 어떻게 숭유(崇儒)를 하지 않고 음사를 앞장서서 행했을까?

그러나 바로 이런 점은 정치 운용의 묘를 생각하게 한다. 비록 조선조가 성리학에 입각한 정치 질서를 세우고자 하지만 백성의 마음까지 일거에 성리학적 이념에 충실하도록 바꿀 수는 없는 일이다. 오히려 민심을 끌어안고 가는 것이 보다 쉽게 지배 질서를 안착시킬 수 있다. 따라서 정의현감은 관이 앞장서서 당신앙을 받아들임으로써 현청의 '실제적인 지배'를 공고히 하는 하나의 방편으로 삼았을 수 있다.

다른 한편에서는 음사에 대한 조선조의 모호한 입장 때문이었을 수도 있다. 음사란 무엇인가? 본래 음사는 부정한 귀신을 제사 지내는 것이고 함부로 제사 지내는 것이다. 그런데 유교에서도 제사를 지낸다. 조상에 대해서는 말할 나위가 없고 풍운뇌우(風雲雷雨), 명산대천(名山大川), 악(嶽), 해(海), 독(瀆), 노인성, 마조(馬祖) 등에 제사를 지낸다. 조선조에 의해 공식 제사 대상이 된 성황제의 성황신은 중국의 지역신(특히 도시지역의 수호신)을 가리키는 명칭이었으며, 또 정식으로 제사를 받아먹지 못하고 떠도는 귀신을 위해 조선조에서는 국가가 여제(厲祭)를 지내기도 하였다. 이런 점에서 보면, 유교의 제사 역시 신앙적 성격을 내포하는 것은 무속이나 다름이 없다. 다만 국가 혹은 관이 그 의례를 담당한다는 점과 민간이 의례를 지낸다는 것의 차이일 뿐이다. 따라서 무속을 음사로 규정한 것은 그것이 혹세무민한다기보다는 공식적으로 인정하지 않는 귀신(혹은 신)을 제사 지내는 것, 또 유교에서 인정하는 귀신이라고 할지라도 결코 민간이 지내서는 안 되는 제사를 지낸다는 이유이다. 그렇다면 현청이 당신을 수호신으로 인정하면 어떻게 되는가? 글쎄다. 음사에 대한 당시의 모호한 기준으로 보아, 크게 문제 삼을 만한 일이 아니었을 수 있다.

사실 정의현의 초대 현감이 〈안할망당〉을 모셨는지는 확인할 길이 없다. 현재 당 안에 몇 자의 글이 있다고는 하지만, 그것은 개축 이전의 당집에 '李朝世宗五年 本晉舍村 旌義邑地設定 初代縣監 縣村護神 仰尊官民一致 奉安'이라고 새긴 목판이 있었다는 데서 유래한다. 그 목판의 내용이 사실인지 아닌지의 여부를 실증할 다른 자료가 현재로는 없다. 그럼에도 불구하고 분명한 것은 조선조에서는 성리학적 명분과는 달리 무속을 크게 억압하지 않았다는 사실이다. 제주도에 그 많은 목사와 현감들이 다녀갔어도 16세기의 곽흘 목사, 18세기 초의 이형상 목사 외에는 무속을 억압하지 않았다. 이 점은 육지부도 대체로 마찬가지다. 아무래도 민심을 위무하는 차원에서 행해진 정치의 탄력성이 아닐까.

여하튼 현재의 〈안할망당〉은 1991년 2월 22일에 준공한 것으로, 당 전체의 모양새는 상당히 좋다. 당의 규모는 조그마하지만, 그 모양새는 꽤 신경을 썼다. 내부 정면에 제단이 마련되어 있고, 나무로 만든 궤가 제단 중앙에 놓여 있다. 궤 좌우에 암키와와 수키와를 포개어 그 안에 쌀을 담아 놓았다. 궤 안에도 역시 같은 방식으로 기와를 놓고 그 안에 색동주머니가 놓여 있다. 색동주머니 안에는 할망신의 구슬과 비녀가 들어있다.

그런데 성읍리 마지막 매인심방이었던 이임생(2007년 현재 86세)에 의하면, 기와나 구슬 등은 이전부터 내려오던 것이 아니라 슬레이트로 당집을 지었을 당시부터 사용했다고 한다. 또한 〈안할망당〉은 성읍리 마을 주민들이 다니던 곳이 아니라 현청에서 일하던 사람들이 다녔던 곳이라 한다. 이 대목은 상당히 설득력이 있다. 무엇보다 조선조에서 관청은 얼마나 문턱이 높은 곳인가. 그런데 일반 백성이 당에 간다고 관청의 문턱을 넘어 너른 마당을 가로질러 갔을 리는 만무하다. 또한 이전에는 동네마다 당이 있으니 구태여 관청 안으로까지 들어가야 할 일도 없었을 것이다. 더욱이 당의 내력을 제대로 읊어낼 심방이 아무도 없는 상황에서, 마지막 매인심방의 증언은 귀에 담을 만하다. 뿐만 아니라 당본풀이에도 "향교 향청 내동헌 외동헌 차지한 동헌할망 객사할망"130)이라는 구절이 있다. 이 구절은 할망신이 관리 혹은 유생(儒生)을 신앙민으로 삼았다는 것을 보여준다. 이것이 만약 사실이라면 조선조에 있어서 무속에 대한 정치적 탄력성은 극을 달린다고 해도 과언은 아니다.

현청 안에 당이 있는 것이 그저 민심을 보듬고자 한 정치적 조치였든, 아니면 현감을 비롯한 그 수하들의 신앙적 필요에 의한 것이든 간에, 일단 그곳에 당이 있다는 것 그리고 성읍리에 그 많던 당들이 서서히 폐당되는 과정에도 〈안할망당〉만큼은 단장을 새로 하면서 건재한다는 것은 여간 흥미롭지 않다. 따라서 이것은 성읍민속마을을 독특하게 하는 중요한 문화자산이 아닐 수 없다.

한편 성읍리에는 또 다른 독특한 신당이 있다. 바로 〈윤남동산쉐당〉이다. '쉐당'이란 제주어를 그대로 표기한 것으로 윤나무가 있는 동산의 소당[牛堂], 즉 소를 키우는 사람들이 다니는 당이라는 뜻이다. 이 당은 성읍민속마을인 성읍1리와 좀 떨어진 곳, 즉 성읍2리 입구 근처 길가에 있다. 이 길은 정의현으로 가는 길목이어서, 부임하는 현감도 이 길을 지나칠 수밖에 없다. 조선조 당시에 현감들은 〈쉐당〉 앞을 어떻게 지나쳤을까?

---

130)  진성기, 『무가』, 459쪽.

성읍리 사람들은 현감이 〈쉐당〉 앞에서 내려 절하고서야 지나갔다는 전승되는 기억을 공유하고 있다. 당연히 〈쉐당〉은 말에서 내려 당신에게 절을 하지 않으면 말이 발을 절 정도로 '센당'이라는 인식도 공유한다. 말이 발을 전다는 것은 그 말을 탄 사람의 생명이 위태롭다는 말이다. 다시 말하면 아무리 한양에서 부임하는 관리일지라도 성읍리 당신에게 굽히지 않으면 살아남지 못한다는 말이다. 이러니 신당에 절을 하지 않을 도리가 있으랴!

신당에 절을 하는 현감의 속내를 어떻게 다 알까. 참으로 말이 발을 절까 두려웠을 수도 있겠고, 기왕에 부임하는 마을의 민심을 얻기 위한 것일 수도 있겠다. 또 성읍리 민초들은 말에서 내려 절하는 현감을 다행스럽게 보았을 수도 있고, 괜스레 어깨가 으쓱했을 수도 있다. 사실 이렇게 서로 속내를 잘 모른 채 이해가 맞아떨어지면 적당히 영합하는 게 정치이고 또 정치의 기술 아닌가.

그런데 그렇게 '센 당'인 〈쉐당〉이 지금은 참 보잘것없게 되었다. 〈쉐당〉의 신목인 윤나무는 한국의 근대화 초기에 일찌감치 잘렸다. 전해지는 바로는 기독교 신자인 어느 노인이 미신이라고 윤나무를 잘랐는데, 그 노인은 일주일 만에 다리가 부러져 얼마 지나지 않아 죽었다 한다. 신목은 잘리고 도로는 뚫리면서 〈쉐당〉은 도로변의 자그마한 덤불 자리가 되고 말았다. 외형이 형편없이 초라해졌음에도 불구하고 〈쉐당〉의 영험은 그대로인지, 아직도 소나 말을 잃어버린 사람들이 이 당에 와서 빌곤 한다. 성읍리의 현○○(2000년 당시 71세) 씨는 실제로 있었던 사례를 들면서 빌고 나면 잃어버린 마소를 꼭 찾는다고 장담한다. 뿐만 아니라 그는 〈쉐당〉의 규모를 초라하게 보는 시각을 질타하기도 한다. 그에 의하면, 아주 오래전에 용마, 즉 장수가 타는 잘 뛰는 말이 이 자리에서 발이 땅에 붙는 바람에 잡혀서 서울로 진상되었고, 그 후 '용마가 발붙인 곳'에 당이 생겼다는 것이다. 즉 당의 영험한 기운은 당의 규모와는 무관하다는 것이다. 거짓말 같기도 하고 정말 같기도 한 이야기지만, 아무려면 어떠랴. 그것이 사람들의 마음인걸.

그러고 보면, 1901년 제주민란 당시 천주교인들이 집단적으로 신당을 파괴한 것이나 일제강점기로부터 박정희 정권 때까지 무속을 미신으로 치부하며 파괴한 행위들은 정치의 탄력성을 고려하지 않은, 그야말로 이데올로기적 맹목이 아닐 수 없다.

# 당 오백, 절 오백을 부순
# 이형상 목사

〈당 오백, 절 오백〉은 적어도 제주도에서는 하나의 관용구이다. 제주도에 당이 오백 곳, 절이 오백 곳 있었다는 말이다. 그리고 이 말과 함께 바로 연상되는 사람이 이형상 목사(牧使)이다. 웬만한 제주 사람들은 '이형상 목사가 당 오백 절 오백을 부수었다.'라고 알고 있다. 여기에 몇 가지 의문이 일어난다.

첫째, 제주도라는 이 작은 땅에, 게다가 조선시대 당시 인구 6만 정도인데, 참으로 당이 오백 곳, 절이 오백 곳이나 있었을까?

둘째, 이형상 목사의 기록에는 '조정의 명령'도 없이 또 '관가의 금지명령'도 없이 백성들이 스스로 신당을 파괴했다고 되어 있는데, 왜 이형상 목사가 당 오백 절 오백을 부수었다고 하는가?

셋째, 보물 제652-6호로 지정된(지정일자 1979년 2월 8일)『탐라순력도(耽羅巡歷圖)』[131]「건포배은(巾浦拜恩)」이라는 제목 아래 그림이 그려져 있고, 그림 밑에 이형상 목사(이후 이 목사라고 칭함)가 쓴 글에는 "임오년 12월 20일 향품문무 상하 삼백여 명이 신당 129곳을 불태우고 사찰 5곳을 파괴하였으며…"[132]라고 되어 있다. 제목과 그림 그리고 이 목사가 쓴 글을 엮어보면, 마치 신당을 불태우고 사찰을 훼손한 것에 대해 도민들이 은혜를 입었다고 생각하여 임금이 계신 북쪽을 향해 절을 올리는 것처럼 보인다. 과연 제주인들은 신당 및 사찰이 불태워진 것을 은혜로 생각했을까?

첫째 의문은 쉽게 해결된다. 이형상 목사가 쓴『남환박물(南宦博物)』이라는 책에는 당시의 당이 129개소로 적혀 있다. 또『탐라순력도』에도 신당 129개소와 사찰 5곳을 파괴했다는 글이 실려 있다. 뿐만 아니라 이형상 목사의 일대기라고 할 수 있는『행장(行狀)』에는 신당 129곳 및 두 곳의 사찰을 불살랐다고 적혀 있다. 따라서 당시 사찰의 수는 기껏해야 2곳 아니면 5곳이고, 신당은 129곳이다.

---

131) 『탐라순력도』는 이형상이 제주목사로 있을 때 제주도를 동-남-서-북으로 한 달간에 걸쳐 순력하고 돌아온 후 그간의 여러 가지 상황들을 그림에 담아낸 총 41면으로 된 도첩(圖帖)이다. 이 그림들은 김남길이 그리고 이형상이 설명을 삽입하여 함께 제작한 것이다.

132) 「건포배은」도면 아래에 적힌 글은 다음과 같다. 「壬午十二月二十日 鄕品文武上下幷三白餘人 燒火神堂一白二十九處 破毁寺刹五處 巫覡歸農二百八十五名」.

그림 61 『탐라순력도』39면 「건포배은」.

그런데 신당의 수에 대해서는 좀 더 생각할 여지가 있다. 『남환박물』〈지리조〉에 기록된 바에 의하면 당시 제주도 내 리(里)의 수는 모두 129이다.[133] 이는 파괴한 신당 129곳과 정확히 들어맞는다. 그런데 『남환박물』〈사당조〉에는 음사 129곳이 모두 집이 있다고 적혀 있다.[134] 리의 수와 파괴된 신당의 수가 일치하는데, 그렇다면 당시에 각 리마다 당집이 있는 하나의 신당만이 있었던 것일까? 이 목사가 기술한 내용을 수용한다면 일단은 당집이 있는 신당이 129곳이라고 볼 수는 있다. 하지만 무속의 신앙 행위는 꼭 당집이 있는 곳에서만 이루어지는 것이 아니다. 무속이 본래 자연신앙이었고 그래서 특정한 수목이나 암석 등 자연적인 장소가 당으로 인식되었다. 여기서 다시 『남환박물』〈풍속조〉에 실린 글을 보자.

"과연 다음 날에는 각자가 삼읍에 있는 신당 129개소를 소각하고, 또 사가에서 신에 기도하는 물건이나, **길가 총림에 있는 것과**

---

133) "제주는 산북에 있다. 읍내는 3리이고 동쪽면은 34리 서쪽면은 53리 남쪽면은 5리로 합하여 95리이고, 호수는 7319호이다. 정의는 산 왼쪽 날개 동쪽에 있는데 읍내는 1리이고 동쪽면은 10리, 서쪽면은 12리, 합계 22리에 호수는 1436호이다. 대정은 오른쪽 날개 서쪽에 있다. 읍내는 1리이고 동쪽면은 9리, 서쪽면은 3리, 합계 12리에 호수는 797호이다."(『남환박물』〈지리조〉)
134) 『남환박물』〈사당조〉에 실린 내용은 다음과 같다. "광양당, 차귀사, 천외사, 신춘사 및 각 면 소재지에 있는 음사가 무릇 129곳이나 된다. 모두 집이 있으며 독무함이 심히 오래되었지만 지금은 모두 소진되어 하나도 남은 것이 없다."

무격배의 신의와 신철 일체를 다 불태웠습니다. 심지어는 **나무뿌리를 파고…."**

총림(叢林)이란 잡목이 우거진 숲인데, 대개 이런 숲에 신목을 신체로 모신 자연적인 무속제당이 형성된다. 따라서 숲을 태웠다는 것은 바로 당을 태웠다는 말이고 나무뿌리를 팠다는 것은 신목을 넘어뜨렸다는 말이 된다. 그렇다면 당시에 존재하던 신당의 수는 129곳 이상이고, 동시에 불태워진 신당의 수도 129곳 이상이다. 따라서 129곳이라는 숫자가 명시된 것은 실제 당집이 있는 당 129곳을 태웠다는 의미이거나 아니면 129리에 존재하는 당을 파괴했음을 상징하는 숫자일 수 있겠다.

여하튼 신당의 수가 129곳 이상이라고 할지라도 '당 오백 절 오백'은 부풀려진 말이다. 왜 이렇듯 부풀려졌을까? 이 문제는 조금 후에 다시 논하자. 그런데 이렇게 부풀려진 숫자가 삼백여 년을 흘러온 셈인데, 지금은 공부깨나 한 사람조차도 〈당 오백, 절 오백〉을 역사적 사실로 믿는다. 대개는 이형상 목사가 실존인물이고 신당 파괴행위가 역사적 사실이어서인지, 이렇게 부풀려진 숫자까지도 사실로 받아들이는 것이다.

둘째 의문. 신당 파괴는 백성이 스스로 했는가, 이 목사가 했는가? 분명 이 목사가 쓴 글에는 제주인 스스로 파괴했다고 되어 있다.

"역사기록에 의하면 비록 음사를 철폐할 때가 있었으나 혹 주문 (奏問)하거나 혹 금령을 내렸으니 모두 관가에서 억지로 헐었던 것입니다. 그러나 이 일은 **조정의 명령도 없었고 또 관가에서 금지 명령도 없었지만** 누천년 고혹(痼惑)의 풍습이 하루아침에 쓸리어 없어졌으니 진실로 다행입니다. … 남녀노소가 만나면 서로 축하하고, 무격을 원수 보듯 하며, 그들과 무리지은 것을 부끄러워합니다."

왠지 이상하지 않은가? 그렇게 많은 당을 신앙해오던 사람들이 하루아침에 그 많은 당을 몽땅 불태웠다? 아무래도 믿기 어렵다. 왜? 참으로 스스로 파괴한 것이라면, 이 목사가 떠난 이후에 바로 당이 다시 무수히 생겨날 수 없다. 하지만 실제로 당이 무수히 생겨났다는 증거들이 있다.[135] 또한 그 이후로 제주인들 사이에서 이 목사가 당 오백 절 오백을 파괴했다는 말이 관용구처럼 전해진다는 것은, 분명 제주인들은 그 많은 당과 사찰을 이 목사가 파괴한 것으로 인식해 왔음을 반증한다. 자초지종을 자세히 알지 못하더라도 짐작할 수 있는 것은 어떤 식으로든 이형상 목사가 파괴하라고 해 놓고는 제주인 스스로 파괴한 것처럼 꾸며졌을 것이라는 점이다. 당시의 사건을 기록을 통해 재구성해보자.

---

135) 대부분의 일반민중들이 신당 파괴를 결코 긍정적으로 보지 않았다는 증거는 여러 곳에서 등장한다. 이 목사의 후임인 이희태 목사가 일반무교활동을 허용한 것이나 1706년(숙종 32년) 송정규 목사가 무당행위를 금지시켜 쟁(錚:징), 금탁(金鐸: 쇠방울, 요령) 등을 몰수하여 군기를 제작했다는 것은 지배세력의 억압에도 불구하고 일반민중들의 신앙심은 변하지 않았음을 보여주는 증거이다.

『탐라기년』에 의하면 이 목사는 순력 중에 대정의 광정당을 불을 질러 태워버렸다. 신당을 불태우는 모범을 이 목사가 실행해 보인 것이다. 또 『남환박물』〈사적조〉에는 유림들에게 삼성사의 문제를 거론하면서 음사를 철훼할 것을 종용하는 대목이 있다.

"너희는 명색이 선비들이다. 처음에는 미혹함을 풀지 못했지만, 그 깨달은 뒤라면 **분연히 분기하여 음사를 철훼**하고 입묘하여 삼을나를 주벽(主壁)으로 하고 고후 등 3인을 배향함으로써 민속이 이에 비로소 바르게 될 것이다."

또 『행장』에는 이 목사가 신당 파괴를 명령하는 대목이 있다.

"도민 7백 명이 건포에 모여서 임금의 은혜에 절을 올리고 공에게 와서 인사를 올렸다. 공은 이에 음사의 폐단을 낱낱이 말했더니 모두들 '**공의 명령이 있는데 어찌 감히 따르지 않겠습니까.**'라고 말하고, 나와서는 스스로 서로 전달하여…"

이런 글들로 미루어보면, 신당 파괴는 관가에서 억지로 헐지는 않았다고 하더라도 분명히 이 목사의 종용과 명령에 의해 이루어진 것이다. 그렇다면 선정목민관으로 알려진 이 목사는 왜 이러한 종용과 명령을 했던 것일까? 우선 이 목사의 다른 업적들에 비추어 볼 때, 즉 그가 민생을 도모하기 위해 보인 지대한 관심을 감안할 때, 무속에 의해 일어나는 일상의 폐해를 근절해야겠다는 경세치민적 입장에서 철폐를 의도했을 것이다. 그러나 이것이 표면적인 이유라면 보다 근원적인 이유도 있겠다. 이 목사 자신이 성리학적 이념에 철저한 사람이었다는 사실, 그리고 그에게는 조정에서 파견된 관리로서 조선의 유교적 정치질서 체계를 확립해야 한다는 정치적 목적이 있었다. 따라서 도민을 유화(儒化)시킬 수 있는 바탕을 마련하기 위해서 이 목사는 무속을 근절시켜야만 했던 것이다.[136]

그렇다면 그 명령을 수행한 자는 누구인가? 당연히 건포배은에 참여했던 향품문무들이다. 즉 이향소의 유생, 무사, 각 면 면임 및 각 리 이임들이다. 이 점은 『탐라순력도』에 이 목사가 쓴 글에도 나와 있다. 그런데 비록 이 목사의 종용 내지는 명령이 있었다고 하더라도 유생들과 향촌지배세력들이 그렇게 과격한 실천에로 나아가게 된 데에는 당시 제주에 유화(儒化)의 분위기가 형성되었다는 사실이 한몫했을 것이다.

결국 제주인들의 고단한 삶을 덜어주고자 했던 선정목민관으로서의 이 목사의 여러 가지 치적, 제주사회를 유교적 사회로 변화시키겠다는 이 목사의 의도, 그리고 한껏 높아진 유생들의 자부심과 자신들의 사회적 기능에 대한 인식, 이 세 가지 요인이 상

---

136) 이에 대해서는 조성윤·박찬식이 쓴 「조선후기 제주지역의 지배체제와 주민의 신앙」(『탐라문화』 제19호, 1998)에 상세히 논의되고 있다.

호작용하면서 신당 파괴라는 획기적 사건이 일어난 것이다. 이렇게 볼 때 신당 파괴는 당시 소박한 제주 민중의 의도와는 아무런 상관이 없는 행정적 조치이고 정치적 사건이다. 따라서 이 목사가 신당을 파괴했다는 제주인의 기억은 기록과는 다른 기억이긴 하지만 민중의 시각에서 본 역사적 사실이다. 이와 더불어 밝혀지는 사실이 있다. '당 오백 절 오백'으로 부풀려진 것은 이 목사의 신당 파괴가 얼마나 지독하고 철저했는가를 말해야 하는 신앙민, 즉 제주인의 역사적 고발이었다.

이제 자연스레 셋째 의문은 해결된다. 결코 제주인들이 신당 파괴를 은혜로 생각하여 건입포에서 북쪽을 향해 절한 것은 아니다. 다시 「건포배은」의 그림을 자세히 보자.

이 도면에는 두 사건이 그려져 있다. 도면의 하단은 향품문무들이 일부는 관덕정 마당에서 이 목사를 향하여, 일부는 건입포에서 임금이 계신 북쪽을 향해 은혜에 감사하는 절을 올리는 모양이 그려져 있고, 그림의 상단은 마을 곳곳의 신당들이 불타고 있는 모양이 그려져 있다. 두 사건이 하나의 도면에 그려져 있고, 그림 밑에 이 목사가 쓴 글에는 두 사건이 12월 20일의 일로 기재되어 있어서, 이 도면만으로는 마치 이 목사가 신당을 불태우고 사찰을 훼손한 것에 대해 도민들이 은혜를 입었다고 생각하여 북쪽을 향해 절을 올리는 것처럼 보인다.

그러나 이 두 사건은 하루에 일어난 일도 아니며, 또 신당 파괴에 대해 감사의 절을 올린 것도 아니다. 이 점은 이 목사가 쓴 『남환박물(南宦博物)』〈풍속조〉와 『탐라계록초(耽羅啓錄抄)』〈15계〉

에 두 사건의 전후가 명백히 드러나 있다. 건포배은은 이 목사가 조정에 장계를 올려 허락받음으로써 그동안의 민폐가 상당히 감소된 것[137])에 대해 국은(國恩)을 입었다 하여 북쪽을 향해 절을 올린 것이다. 물론 북쪽을 향해 절을 올린 것이기는 하지만, 그 행위의 실질은 탐라민의 고초를 덜어주려 한 이 목사의 업적에 대한 고마움이었을 것이다. 그리하여 건포배은이 있은 후 향품문무 등은 이 목사를 찾아와 인사를 올렸다.『남환박물』에 쓰여진 바에 의하면, 인사를 올리는 자리에서 국은에 감격한 백성들은 그 은혜와 덕을 그리워하는 마음을 드러내기 위하여 섬의 어리석은 몇 가지 풍속을 스스로 금하겠다고 하였다. 그 풍속이란 동성과 근친의 혼인, 혼인 때 교배의 예를 행하지 아니하는 것, 여자의 몸을 가리지 않는 것, 남자가 혼인 때 여자 쪽에 찬(饌)을 보내는 것, 남자의 축첩과 여성의 개부(改夫), 그리고 음사(淫祀) 등이다. 신당 파괴는 이 목사와 향품문무들과의 만남이 있은 다음 날의 사건이다.

---

137) 『탐라계록초』〈15계〉에는 국은(國恩)의 내용이 적혀 있는데 요약하면 다음과 같다. (1) 동색의 말을 창출하는 것을 반으로 줄여주니 목자(牧者)들의 생활이 보전됨 (2) 진상하는 추복을 관가에서 값을 지급해주니 갯가 백성들의 생활이 보전됨 (3) 모곡(耗穀: 환곡의 1/10을 따로 떼어내어 둔 것)으로 관청의 소용에 이바지하니 백성들의 부담이 줄어듦 (4) 퇴역한 배를 통영에서 획급받으니 백성의 부역이 제거됨 (5) 오래 근무한 자에게 벼슬길이 열림 (6) 후사(後嗣)를 잇는 공문을 지급하니 끊어질 제사가 이어짐. 이 외에도 부모 처자를 팔았던 것을 속환하고 또 매매를 금하는 법을 세운 것 등이다.

이렇듯 두 사건은 그 전후가 분명할뿐더러 내용상으로 볼 때 건포배은과 신당 파괴라는 두 사건은 일대일의 대응적 관련성을 맺고 있는 것은 아니다. 그런데도 건포배은과 신당 파괴를 대응 관계의 사건처럼 한 도면에 병렬하고 있다. 왜 그랬을까? 이것은 무엇보다도 이 목사 자신이 제주인의 신앙생활에 대해 가지고 있었던 강렬한 문제의식(혹은 부정적 인식)이 반영된 것, 동시에 자신이 행한 여러 가지 치적에도 불구하고 신당 파괴를 가장 의미 있는 업적으로 스스로 생각했기 때문이 아닐까?

전체적으로 정리하면, 신당 파괴와 관련한 이 목사의 기록은 제주인의 마음이 아니라 당시 지배권력의 이데올로기적 입장일 뿐이고,「건포배은」의 그림은 사건의 전말이 슬쩍 왜곡된 기록화라는 것이다.

역사기록들은 종종 권력에 의해 왜곡된다. 그래서 사건에 대한 역사 기술(記述)은 누구의 입장인지 독해되어야 하는 것이다. 더러는 사료(史料)로 채택되지 못한 것 중에서 우리는 역사 사건에 접근할 수 있는 또 다른 실마리를 얻는다. 이 목사의 신당 파괴와 관련해서 아주 특별한 자료가 있다. 제주인의 아픔을 대신하듯 이 목사에 대한 원과 한을 담은 무가 자료가 있다. 〈영천이목사본(永川李牧使本)〉이다.

무가란 것은 무속 의례, 즉 굿에서 무[심방]가 구송하는 노래이다. 언제부터 불렸는지 몰라도, 심방들의 입에서 입으로 전해져오면서 그 필사본이 남게 된 것 아닐까. 어쨌든 이형상 목사는 제주목사를 그만둔 뒤 경북 영천의 호연정(浩然停)에 돌아가 살았는데, 원래 인천 출생인 이 목사를 영천 이 목사[138]라고 부르고 있는 점만 보더라도, 이 목사의 이력을 살펴가면서 무가가 지어진 것일 터이다.

이 무가의 내용을 그대로 읽어보자. 다음은 필자가 읽기 쉽게 현대어로 바꾼 내용이다.

한양서울에서 조회를 열어, 옛날 상시관(上試官)이 말을 하되, "제주목사로 임할 자는 나서시오." 하였다.

영천 이 목사가 나서서, "저를 도임시켜 주십시오." 하니, 상시관이 말을 하되,

"빨리 도임하시오."

도임을 하니, 육방관속이 가마를 대령하고 기다렸다. 목사를 가마에 태우고 동서로 순력을 도는데, 대정 광정당에 가까이 도달하니 가마 실은 말이 앞발을 동동 들고 걷지를 못해, 뒤로 몰면 뒷발을 동동 들어 역시 걷지는 못한다.

"여봐라, 하인아 어찌된 일이냐?"

"목사님, 일단 하마(下馬)를 하소서."

"무슨 일로 하마를 하란 말이냐?"

하인이 말하기를, "여기에 토지관(土地官)이 있습니다."

---

138) 이형상(1653-1733)은 1727년 호조참의에 임명되었으나 사퇴하고 경상도 영천(永川)에 거하면서 학문과 후학양성에 정진하였다.

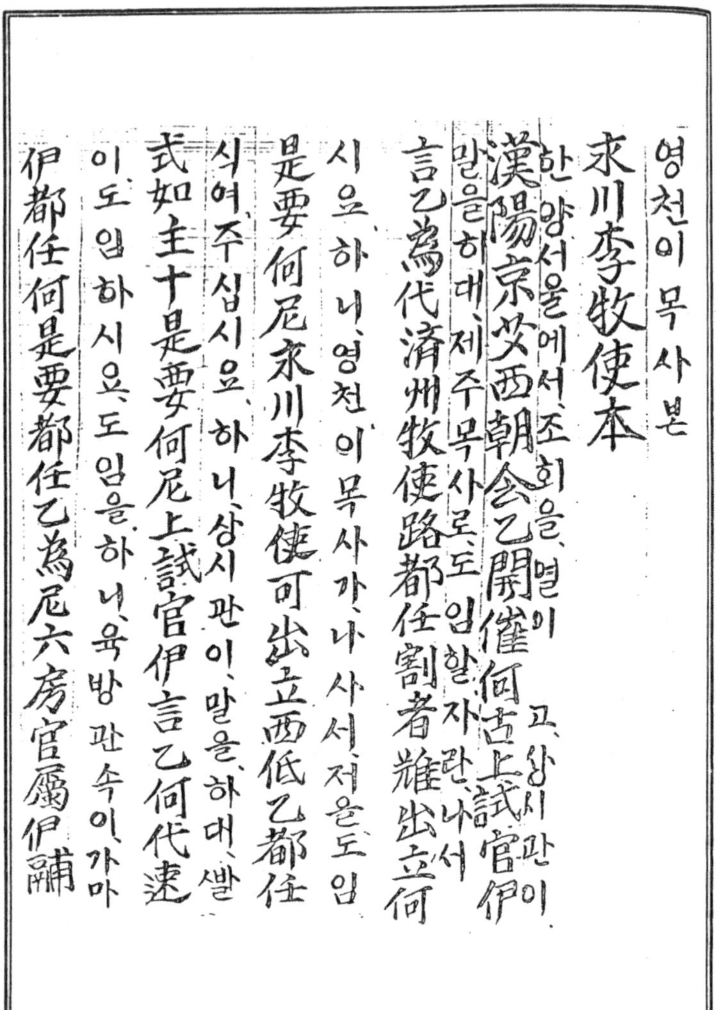
영천이 목사 본
永川李牧使本
한양서울에서 조회을, 열이 고, 상시관이
漢陽京苂西朝會乙開催何古上試官伊
말을 하대 제주목사로, 도임할 자란, 나서
言乙為代濟州牧使路都任割者旒出立何
시요 하니, 영천이목사가, 나사서, 저을도임
是要何尼永川李牧使可出立西低乙都任
식여주십시요, 하니, 상시관이, 말을, 하대, 쌀
式如主十是要何尼上試官伊言乙何代逮
이도임하시요, 도임을, 하니, 육방관속이, 가마
伊都任何是要都任乙為尼六房官屬伊補

-419-

그림 62『風俗巫音』卷 十九 ‘영천이목사본’ 사진.

"토지관은 내가 토지관이지, 누가 또 토지관이란 말이냐? 마부야! 말고삐를 단단히 잡고 앞으로 나가라!"

마부가 말고삐를 힘써 당기니, 네 발 말이 두 발 말이 되었다.

목사가 하마를 하여, "두 발로 선 말을 이끌어오너라!"

마부가 말을 이끌어오니, 목사는 긴 칼을 빼어서 밀 목을 끊고, 당신(堂神)에게 희생물로 헌납했다.

목사님은 분노가 생겨, "어서 원으로 가자!"

원으로 들어가 형방보고 말하기를,

"오늘과 같이 희생드릴 때가 또 있느냐?"

"예, 있습니다."

"어느 곳이냐? 일일이 기재하여 올려라!"

"예, 김녕에 뱀굴이 있습니다."

"내일로 조사하여 올려라!"

"예, 조사는 다 하고 있습니다."

"그곳은 어떻게 행하는 곳이냐?"

"일 년에 한 번씩 굿을 합니다."

"그러면 무당을 데려다 굿을 시작하라!"

형방이 이방을 시켜서 굿을 시작하였는데, 칠 일째 되는 날, 목사님이 가서 열심히 더 큰굿을 하였다. 무당이 신나게 큰굿을 해 가니, '아구대맹이'가 열두발을 나왔다. 목사님이 긴 칼로 토막토막 네 토막에 끊고서 말하기를,

"너희 무당들아. 앞으로는 굿세계는 영 없을 것이다. 농토로 돌아가서 열심히 노력하여 농사를 지어 먹고 살아라."

그리하여 왼쪽으로 돌아 사백 리, 오른쪽으로 돌아 사백 리. 스무하루 날 이틀 새에 당과 절을 부수어놓고, 목사님은 혼자만 말을 타고 먼저 고향에서 나온 학생 기생이 있는 주막을 향하여 갔다. 가는 중에 길가에 골총 귀퉁이에 큰 돌이 있는데 그 돌에 말을 매어두고 소변을 보는 사이에 말이 고삐를 당기니 큰 돌이 쓰러졌다. 목사가 그것을 보고, '내가 잘못하였구나. 이 총은 이 돌 하나를 의지하여 사는데.'라고 생각하였다. 목사는 큰 돌을 잘 세운 후에, 지쳐서 원으로 한잠을 자는 중에 골총귀신이 현몽을 하였다.

"목사님, 감사합니다. 저의 담을 잘 세워주시니, 그 은공으로 목사님 목숨을 살려드리겠습니다. 제가 말하는 대로 실행하여 보소서. 아무 날 학생 기생에게 가서 하룻밤을 자소서. 학생 기생의 변소 옆에 오줌독이 있습니다. 학생 기생에게 '그 오줌을 비워놓고, 그 독 안에 나를 들어앉히고, 눌 위에 주지를 갖다가 덮어달라고 부탁을 하고, 사오시(巳午時)까지만 견디소서. 그리하면 알 도리가 있습니다."

깨고 보니 꿈이었다. 목사는 말을 타고 학생 기생이 있는 주막에 가서 정들게 하룻밤을 지내고, 날이 밝자 독 안에 들어앉아 주지를 쓰고 사오시까지 앉아 있었다. 그랬더니 비가 장류수(長流水)로 사방이 캄캄하게 흘러내렸다. 얼마지 않아 벼락 천둥이 일어나 사오시까지 우르릉거리다가 그쳐서, 원으로 돌아왔다. 기분이 좋지도 나쁘지도 않은 채 한두 달을 머무는 사이에 한양에서 편지가 오기를, 아들 형제가 홀연히 죽었다는 연락이었다.

"아이고!"

영천 이 목사는 어이가 없어 목사를 사직하여 고향 영천으로 돌아가서 호연정을 성조하고 훈학유도(訓學儒道)로 일생을 마쳤다. 그러한 목사도 신을 못 이겼습니다.

이 무가의 내용을 간난히 말하먼 이렇다. 이형상 목사가 제주도의 당신인 뱀을 긴 칼로 그 몸을 베어 죽였는데, 골총 귀신의 도움으로 자신의 목숨은 건지지만, 당신의 노여움으로 아들이 죽음을 당했다는 것, 결국 대단한 이 목사도 당신을 이기지는 못한다는 것이다.

대단한 이형상 목사. 실로 이 목사는 대단한 분이다. 제주도 전역의 신당을 파괴하는 과단성 있는 행동도 이 목사였기에 가능했던 것이고, 그가 제주도에서 대단한 선정을 펼쳤다는 것은 익히 알려진 바이다. 어쩌면 당시에도 제주 민중들은 이 목사가 행한 선정 때문에 살아난 것으로 생각했을지도 모를 일이다. 그러나 어쩌랴, 제주의 민중들은 그 대단한 이 목사보다 당신을 더 대단하다고 생각한 것을. 그리고 이 목사가 129곳의 신당을 모두 파괴한 것이 아니라 파괴하지 못했던 곳도 있다고 지금도 믿고 있는 사람들이 있는 것을.139)

---

139) 이형상 목사가 모든 당을 파괴할 때도 〈중엄본향당〉은 파괴하지 못했다는 이야기가 애월읍 중엄리에는 전해 내려온다. 이에 관한 내용은 11장 3절에서 다시 다룬다.

# 11장

신을 저버리지
못하는 사람들

# 우리 마을의 당이
## '센 당'

제주도 당신앙은 그 어느 지역보다
도 강하게 지역민의 종교로서 생활세계를 지배해 왔으며, 지금도
육지부의 어떤 지역과도 비교될 수 없는 신앙의 양상을 보이고
있다. 제주도는 지역의 넓이나 인구 규모로 보아 큰 지역은 아니
다. 그런데도 제주도에서 신앙민이 다니고 있는 당의 수는 현재
340여 곳(인구규모가 6만 정도에 지나지 않던 18세기 초, 당시 제주도 내에 있
던 신당의 수는 130여 개를 넘었다.)[140) 이나 된다.[141) 엄청난 숫자다.
물론 지금은 당이 아예 없는 마을도 있지만, 대부분의 마을에는

---

140)  18세기 초 제주도의 당신앙에 대해서는 「18세기 초 제주인의 신앙생활과 신
당파괴사건」(하순애, 『탐라순력도연구논총』, 탐라순력도연구회, 제주시,
2000)에 자세하게 기술되어 있다.

당이 있고, 더러는 본향당·일뤠당·여드렛당·개당 등 여러 개의 당이 있는 마을도 많다. 이렇게 많은 당을 찾아다니느라 필자는 꽤 발품을 팔았다.

그런데 마을을 다니면서 그 마을의 어르신들과 얘기를 나누다 보면, 제주인의 가슴에 얼마나 당신앙이 깊게 자리하고 있는지를 실감하게 된다. 마을 길에서 또는 밭에서 만나게 되는 할머니, 아주머니들, 여름날 나무 그늘에서 더위를 식히고 있는 사람들, 마을회관이나 경로당에서 만나는 노인들, 이들은 대개 마을의 당에 대한 얘기를 꺼내면 귀찮은 내색 없이, 어떤 때에는 신명이 나서 아는 바만큼 꼼꼼하게 말씀들 하신다. 물론 이들 중에는 당에 다니지 않는 사람도 있지만, 그 관심도는 다를 바 없다. 간간이 당에 대해 거부감을 드러내는 사람을 만나기도 하지만, 그것은 드문 일이다.

그런데 그렇게 숱하게 만난 마을 사람들은 놀랍게도 한결같이 자신이 거주하는 마을의 당을 '센 당'이라고 강조한다. 심지어는 신앙심을 갖지 않은 마을 주민 혹은 신당 근처에는 얼씬도 하지 않는다는 남성조차도 자기 마을의 당이 '센 당'이라는 말을 서슴지 않는다. '센 당'이라는 말을 할 때는 사뭇 자부심 가득한 표정을 짓기도 한다. 도대체 무엇일까, 마을마다 각기 자기네 당이

---

141) 제주도에 현존하는 당에 대해서는 『제주도민간신앙의 구조와 변용』 259-273쪽에 도표로 정리되어 있다.

세다고 말하는 것은?

'세다'라는 말은 상대적인 평가, 즉 다른 무엇과 비교할 때 쓰는 용어이다. 이 말의 용례에 따른다면, 마을마다 '센 당'이 존재할 수 없다. 비교평가를 한다면 '센 당', '덜 센 당' 혹은 '세지 못한 당' 등으로 묘사되어야 옳다. 그러나 어느 마을도 이런 비교평가를 허용하지 않는다. 각각의 마을은 오로지 자기 마을의 당신의 위력 혹은 영험이 세다는 것을 강조할 뿐이다. 그래서 '센 당'이라는 말은 일반적인 용례에서처럼 상대적 평가의 말이 아니라 절대평가의 말이고 자기완결적인 말이다.

그렇다. 당의 크기는 비교할 수 있어도, 신의 영험은 비교할 수 있는 무엇이 아니다. 또 당의 크기가 작다고 해서 신의 영험이 훼손되지도 않는다. 이는 신도 수가 몇 되지 않는 시골의 작은 사찰이나 교회라고 해서 부처님과 하느님의 권능이 약해지지 않는 이치와 다를 바 없다. 물론 무속의 신관은 다신다령(多神多靈)이어서 유일신이나 지고한 깨달음의 세계가 지니는 권능과 직접적으로 대비시킬 수는 없다. 무속의 신들 사이에는 위계가 있기도 하고, 신의 직능이 다르기도 하다. 그런데도 불구하고 신의 영험이 비교될 수 있는 것이 아니라는 것은 신의 영험이 특정 신을 신앙하는 신앙민의 내적 체험이기 때문이다.

더욱이 종교가 무엇이던가. 그것은 '중심'을 지향하는 심리이다. 기독교에서 말하는 천국이나 불교에서 말하는 깨달음의 세계 혹은 불국토는 모두 세계의 중심이다. 그래서 신의 은총이 자리하고 있는 교회, 불법이 존재하는 사찰은 역시 세계의 중심일 수 있고, 최소한 중심에로 나아갈 수 있는 문턱이 되는 것이다. 같은 맥락에서 각 마을의 당은 그 자체 각각 세계의 중심이고, 그 중심에서 신앙민과 신이 만나는 것이다.

본향당 본풀이에 후렴구처럼 구송되는 구절을 보라. "생산, 물고, 호적, 장적 차지한 본향한집님"이다. 이렇듯 마을의 모든 것을 관장하여 마을을 돌보아주는 본향당신을 마을 사람들이 '세다'고 하지 않을 도리가 없다.

또한 여기서 이웃 마을의 당신이 어떻게 영험한지는 도무지 문제가 되지 않는다. 왜냐하면 무속적 사유에 있어서 마을은 그 자체 하나의 세계이기 때문이다. 달리 말하면 무속에 있어서 현실적 공간인식은 가정과 마을을 경계로 '안'과 '밖'이 구분된다. 가정과 그 가정이 있는 마을은 개개인에게는 생명의 터전이기 때문이다. 그래서 사람들은 안택과 안녕을 기원한다. 마을굿은 마을 수호신에게 마을의 안녕을 기원하는 굿이다. 이때 마을은 온전한 하나의 세계이고, 마을 밖은 다른 세계이다. 이러한 공간인식에 따라 마을 밖의 신령들은 다른 세계의 신으로 관념된다. 이러니 어떻게 신의 영험을 비교할 수 있겠는가.

거창하게 무속적 사유를 헤아리지 않아도, 농업사회에서 마을은 오늘날 도시인들이 생각하는 주거지와는 인식적 의미가 사뭇 다르다. 전근대적 사회구조에서 마을은 자신의 집이 담겨 있는 그릇이기도 하고, 자신의 삶이 이루어지는 터전이기도 하다. 그래서 마을과 집 그리고 자신은 공간적으로 동연(同延)이고 불가분리이다. 인식론적 차원에서 말한다면 마을의 의미, 마을 안에 존재하는 그 무엇의 의미는 곧 자신의 의미인 것이다. '센 당'이라는 말이 곧 당의 위상을 높이는 하나의 표현이라면, 이 표현의 이면에는 마을의 위상 그리고 자신의 위상이 함께 함축되는 것이 아니겠는가.

자기네 마을의 신당을 '센 당'으로 표현하는 것은 곧 당에 특별한 의미를 부여하는 심리이고, 그 심리는 중심을 지향하는 종교적 감정에서 비롯되는 것이라 해도 가히 틀리지 않을 것이다. 이런 심리는 구체적으로 자신들의 삶의 공간, 마을을 특별한 의미공간으로 인식하는 결과를 낳는다. 말하자면 강한 신당에 대한 심리적 지향은 마을에 대한 강한 귀속감 및 결속감과 연결되지 않을 수 없다.

한국인이 고향에 대해 갖는 애착이야 말할 나위가 없지만, 제주인들이 태생마을에 대해 지니는 귀속감은 참으로 유별나다. 그 유별난 귀속감을 다음 절에서 보자.

# 타지에서도 태생마을의
# 당신을 모신다


제주인들이 무속신을 부르는 호칭은 조상님이다. 개별 가정에서 모시는 무속신은 말할 것도 없고, 마을을 수호하는 본향신, 육아치병을 관장하는 일뤠당신 그리고 여드레당신, 또 바닷사람들이 다니는 해신 계열의 여러 당신들이 모두 조상님으로 불린다. 그 현장의 모습을 9장 1절에서, 그리고 그러한 전반적인 의식을 10장에서 다룬 바 있다.

신을 조상님으로 부르는 그 사람은 당연히 조상의 자손이다. 간단히 말해서 당신과 신앙민과의 관계는 조상과 자손의 관계이다. 이 관계는 한번 맺으면 끊기 어렵다. 일단 신에게 열명을 하여 자손이 된 사람이 그 조상을 모시지 않으면 동티난다는 관념이 있기 때문이다.

어떻게 조상을 모시는가? 정성을 보여야 한다. 조상을 향한 정성이란 제일에 맞춰 제물을 올리는 것이다. 당신에 따라 각각 제일이 다르다. 마을수호신인 본향신은 대개 일 년 4대 제일이고, 일뤠당은 매 7일, 여드렛당은 매 8일, 해신계열의 당은 초하루 보름이다. 그러나 이러한 제일은 전승되어 온 방식이긴 하지만, 시대변화와 더불어 상당히 간소화되었다. 물론 아직도 본향신을 위해 일 년 4대 제일을 지키는 마을도 있지만, 대개의 마을에서는 신년 과세문안 정도로 축소되었다. 여타의 당들에서도 사정은 비슷하다. 매 7일이나 매 8일에 다니던 당들은 신년 과세문안과 개별적으로 비념할 일이 생겼을 때 정도로 축소되었고, 해신 계열의 당도 한 달에 한 번 정도로 축소되었다.

그런데 사람은 태생마을에서만 살지는 않는다. 결혼이나 직업상의 문제로 타지에 나가 살게 되기도 한다. 제주도 안에서의 이동뿐 아니라 육지부 혹은 해외에 나가 살기도 한다. 이런 경우 어떻게 신에게 정성을 보일 수 있는가? 몇 가지 방법이 있다.

당 제일에 태생마을을 찾아와서 정성을 올리는 것이다. 아직도 당굿이 지속되고 있는 구좌읍 마을의 경우에는 마을을 떠나 사는 사람들의 수가 전체 당굿 참여자의 절반에 이른다. 이들 중에는 육지부와 일본에서 온 사람들도 있다.

또 다른 방법으로 육지에 나가 사는 사람 중에는 직접 제에 참여하지 못해도 돈을 보내어서 자신의 몫의 정성을 하기도 한다. 물론 이들은 이미 당신의 자손으로 열명(列名)이 된 사람들이고, 또 제물을 차려 대신 정성을 해 줄 사람, 특히 부모님이 고향에 살고 있을 경우이다.

그런데 매번 태생마을을 찾아가기란 상당히 어렵다. 더욱이 결혼으로 태생마을을 떠난 여성들은 여러 가지 제약으로 태생마을을 찾기란 힘들다. 그렇다고 해서 당신을 쉽게 저버리지도 못한다. 그래서일까, 어떤 마을에서는 당신에게 비념을 할 때, 아예 딸의 이름을 열명하지 않는 곳도 있다. 이는 딸이 결혼을 하게 되면 자연히 시집 쪽에서 모시는 당신을 모실 수밖에 없고, 따라서 태생마을의 당신을 함께 모시기가 어려울 것이라는 염려에서이다. 하지만 자식 키우는 부모 심정에서, 아예 당에 가지 않으면 모르되 기왕 당에 가서 식구들의 안녕을 기원하면서 딸만 제외시키기가 쉽지 않다.

이렇게 태생마을의 당을 찾아가 정성을 올리기가 어려운 처지가 되었을 때, 기막힌 해결책이 있다. 가짓당 그리고 중산이다.

가짓당이란 '가지 갈라 온 당'이란 뜻으로, 특정한 당의 당신을 다른 곳에 따로 모시는 경우를 말한다. 신목이 있는 당의 경우, 실제로 그 신목의 가지를 갈라 다른 곳에 당신을 모시는 상징으로 삼기에, 이를 '가지 가른다'고 한다. 때로는 당의 신물을 똑같이 모시는 행위를 통해 본래의 신당에서 나누어 왔다는 상징으로 삼기도 한다. 예컨대 구좌읍 하도리 〈삼싱당〉에는 삼싱할망으로 관념되는 머리 타래가 있었는데(1987년 화재로 소실되었다.), 삼싱당의 가짓당인 하도리 〈면수동 삼싱당〉에는 나무판에 '여씨할망신위'라고 쓰고 삼싱당에 있던 머리카락과 닮은 모양의 갈래머리를 붙여두었다. 이 경우에는 〈면수동 삼싱당〉이라는 당의 명칭에서도 가짓당이라는 사실이 드러나지만, 당의 신체로 삼는 머리카락을 재현함으로써 가짓당임이 확연히 드러난다.

가짓당은 자신이 다니던 당에 가기가 어려워졌을 때에 자신의 거주지 부근으로 당을 가지 갈라 오는 것이다. 가짓당은 근간에 설립되는 곳도 있지만, 아주 오래전에 설립된 곳도 있어서, 그 중에는 가짓당이 마을의 〈본향당〉이나 〈일뤠당〉 혹은 〈여드렛당〉으로 인지되고 있는 경우도 있다. 이런 경우에는 그 가짓당으로부터 또 다른 가짓당이 설립되기도 한다. 예컨대, 안덕면 감산리 〈도그샘이일뤠당〉으로부터 가지 갈라 안덕면 창천리 〈닥밧일뤠당〉이 설립되었는데, 다시 창천리 내에서 가지 갈라 창천리 〈엉밧일뤠당〉이 설립되었다.

가짓당은 여성들의 혼인으로 인해 설립되는 경우가 많다. 한 마을에 인근의 여러 지역에서 여성들이 시집왔을 때, 그 여성들은 제각기 마을 별로 가짓당을 만들기도 하지만 아예 한곳에 가지 갈라 온 여러 당신을 모시기도 한다. 이렇게 여러 곳의 가지 갈라 온 당신들을 한곳에 좌정시킨 것을 중산(衆散)이라고 한다.

중산의 위치나 형태는 마을마다 다르다. 〈본향당〉 혹은 〈일뤠당〉 한편에 따로 조그만 제단을 마련하거나 아니면 당 한구석의 특정한 장소를 중산으로 관념하기도 하고, 당 근처에 지역별로 여러 곳의 중산이 있는 경우[142]도 있다. 그 어느 경우이든, 같은

---

142) 구좌읍 월정리가 이런 경우에 해당한다. 월정리본향당 근처에는 월정리 동쪽의 성산 부근 지역에서 시집온 사람들이 다니는 중산이 있고, 또 좀 더 떨어진 곳에는 산남지역에서 시집온 사람들이 다니는 중산이 있다.

중산에 다니더라도 신앙민 저마다 중산에 올리는 제물의 차림과 규모는 다를 수밖에 없다. 자신의 고향에서 가지 갈라 왔으니, 그 고향마을 신당의 신의 수와 제물 차림을 따르기 때문이다.

그런데 여성들의 결혼에 의해 새로이 설립된 가짓당 혹은 중산은 여타의 신당보다는 그 공간 규모가 대체로 유난히 작다. 마을의 본향당 근처에 설립된 중산일지라도 눈에 드러날 정도의 제장을 갖추거나 신목이 있는 경우는 거의 없고, 그저 수풀 속 특정 장소를 중산으로 관념하는 정도에 지나지 않는다. 또 본향당의 제장 안에 위치할 경우에도 한쪽 구석에 작은 제단을 마련하는 정도일 뿐이다.

비록 그 공간 규모가 협소하여 신앙 공간으로서 관념성을 지닐 정도밖에 되지 않는다 할지라도, 가짓당 혹은 중산은 제주 여성들이 얼마나 태생마을 및 마을의 조상신에 대해 강한 귀속감을 지니는지를 단적으로 드러내는 징표라 할 수 있다. 또한 이것은 제주 여성이 결혼을 통해 출가외인이 되는 것이 아니라 출생 가족에 기반한 자기 인식이 그만큼 강하다는 것을 반증하는 것이며 동시에 제주도 무속신앙이 전승됨에 있어서 여성의 역할이 얼마나 지대했는지를 드러내는 것이라 하겠다.

# 신당에서 유교식
# 마을제를 지내다

　　　　　　　　　마을제란 마을을 수호하는 신을 위
한 제사이다. 그런 의미에서 마을수호신인 본향당신을 위한 의례
역시 마을제임에는 틀림없다. 그렇기는 하지만 왠지 마을제라는
명칭은 무속적 분위기가 나지 않는다. '제(祭)'가 '신령이나 죽은
사람의 넋에게 음식을 바치어 정성을 나타냄'을 의미하는 것인
바에야, 마을 당신에게 제물을 올려 정성을 드러내는 행위를 마
을제라 칭한다고 잘못된 것은 아니다. 그런데도 선뜻 마을제라는
용어를 신당과 연결시키는 것이 썩 내키지 않는다.

　　하기야 '마을제'라는 용어는 다양하게 행해지는 마을신앙 의
례를 포괄하면서도 명확하게 그 내용을 규정할 수 있는 유(類) 개
념이다. 게다가 이 유(類) 개념 아래 무식(巫式) 마을제, 유식(儒式)
마을제라는 종(種) 개념으로 나누어 구분하는 것은 학문적 접근으

로는 참으로 타당하다.

그런데 학문적 정의나 구분을 위한 개념은 어디까지나 학문적인 필요에 의한 것이어서, 그 개념들이 생활세계에서 통용되는 말이 담지하고 있는 의미, 정서, 기능을 대신하지는 못한다.

좀 편안하게 말해 보자. 매년 해가 바뀌면, 정확하게는 음력 정초가 되면 제주도의 일간신문에서는 도내 마을제에 관한 기사가 어김없이 실린다. 160여 개의 마을에서 마을제가 열린다는 기사의 내용을 보면, 신당에서 치르는 당굿과 포제 혹은 이사제(里祀祭)가 두루 열거되고 있다. 각각의 마을에서 치르는 의례를 마을제로 통칭하여 기사화하는 것을 문제 삼을 것까지는 없다고 하더라도, 바로 이렇게 통칭하여 기사에 접근함으로써 내용적인 오류를 저지르는 경우가 종종 발견된다. 예컨대 이런 대목들이다.

"마을제는 제관을 중심으로 마을 주민 모두에 의해 치러지는 의식이다."[143]

이 문장은 참 모호하다. 원래 당굿에는 제관이 없고, 또 원래 포제에는 마을 주민 모두가 참여하지 않기 때문이다. 따라서 이 문장은 당굿이나 포제 그 어느 쪽에도 타당한 내용이 아니다. 물론 이 문장의 내용에 합당한 특수한 사례는 있다. 구좌읍 송당리

---

143) 2006년 2월 17일《제민일보》기사 중에서.

당굿과 조천면 와흘리 당굿이다. 조천면 와흘리에서는 여타의 마을처럼 포제를 별도로 행하지 않고, 마을의 남성 대표가 제관의 이름으로 당굿에 참여한다. 와흘리 당굿은 원래 남녀 모두가 참여하던 당굿 풍습이 변형되어 전승되는 현상으로서 사회문화적 의미가 있다. 바로 이 점에서 와흘리 당굿은 2005년 4월 제주도 민속자료로 지정되었다. 하지만 특수한 사례에 해당하는 것을 마치 제주도 전체 마을제의 성격을 규정하는 내용으로 서술하는 것은 명백히 '지나친 일반화의 오류'이다. 게다가 엄격하게는 이 문장은 와흘리 당굿의 내용에도 합당하지 않은 측면이 있다. 당굿의 중심은 제관이 아니라 심방이기 때문이다. 와흘리에서 제관이라는 표현을 쓰는 것은 마을의 남성 대표가 참여했다는 의미 그 이상 아무것도 아니다.

기사의 문장을 문제 삼는 이 대목은 글을 쓴 기자의 오류를 지적하고자 하는 것은 아니다. 오해 없기 바란다. 비단 예로 든 이 문장 외에도 마을제라는 용어로 통칭하면서 당굿과 포제의 의미를 혼란스럽게 하는 경우는 허다하다. 필자가 이런 문제를 슬쩍 제기하는 것은 개념이 본질적으로 얼마나 관념성을 띠는지, 또 그 관념성이 얼마나 사회통념을 지배하는지를 지적하기 위함이다. 말하자면 '제'와 '제관'이라는 용어의 사용이 당신앙에 내재된 정서, 당굿의 의미를 암암리에 왜곡하면서 사람들로 하여금 유교적 이데올로기에 경도되게 할 수 있다는 것이다.

이제 본격적으로 이 문제를 짚어보자. '제' 혹은 '제사'라는 용어는 유교적 정치 이데올로기의 핵심 용어이다. 달리 말하면 제사는 유교적 정치 질서를 확립시키는 중요한 도구였다. 신분과 직급에 따라 제사의 범위를 제한함으로써 위계적 사회질서를 확립하고, 특히 민간에서 행해지던 의례를 관(官) 차원의 유교적 의례로 전환시킴으로써, 조선왕조는 지배 질서를 공고히 해왔다. 그런데 제주도는 육지부와는 달리 유교적 제사 체계 및 유교적 이념의 보급이 상당히 약했으나, 조선조 후기에 와서는 유교식 제사 체계를 확립하려는 정치적 움직임이 강하게 행해졌다. 10 장 3절에서 언급한 이형상 목사가 그 대표적인 경우이다. 그는 당 신앙을 음사라고 하면서 핍박하는 한편 군현 수준에서 시행되어야 할 유교식 국가 의례를 집중적으로 정비하였다.144) 한편에서는 유교적 제사 체계를 확립하며 다른 한편에서는 교육을 통해 유생(儒生)의 숫자가 늘어나면서, 조선조 말에 이르면 당에서 행하는 당굿과는 별도로 포제를 행하는 마을이 생겨나기 시작한다.145)

19세기 초 제주도에 유교식 포제가 자리 잡은 이후, 마을신앙은 성에 따른 구분선을 형성하기 시작했다. 즉 유교식 포제에 남

---

144) 조성윤·박찬식, 「조선후기 제주지역의 지배체제와 주민의 신앙」(『탐라문화』 제19호, 제주대학교 탐라문화연구소, 1998)에 이형상 목사가 유교원리에 입각한 제사체계의 정비를 어떻게 시도했는지에 관한 내용이 자세하게 정리되어 있다.

145) 제주사회에서 포제가 어떻게 정착되어 왔는가는 이대화의 「제주도 포제의 역사민속학적 고찰」(한국정신문화원, 1998)에 상세하게 서술되어 있다.

성의 참여만 허용됨과 동시에 당굿은 여성들이 참여하는 의례로 구분되어 갔던 것이다. 그리하여 유식 제단은 "마을 주민 전체, 또는 대부분의 복리를 위하여 남성들의 주관하에 남자 제관에 의하여 유교식 제법으로 의례하는 제단"[146]으로, 무식 제당은 "마을민 전체 또는 대부분의 복리를 위하여 여성들의 주관하에 심방에 의하여 무식 의례를 행하는 제장"[147]이라는 정의가 성립되는 것이다. 마을신앙과 관련하여 유교식은 남성, 무속식은 여성이라는 등식이 성립하게 된 것은 신분적 서열 질서를 부여하는 유교 이데올로기가 마을신앙 양식에 반영되면서 암암리에 남녀의 서열적 질서를 공고히 한 사회적 사건이라 하지 않을 수 없다. 바로 이 사건에서 '유교'라고 하는 개념에 내포된 의미들이 남녀 및 유교와 무속에 관한 지배적인 사회통념을 만들어내는 사례를 볼 수 있다.

마을제 양식의 변화를 사회적 사건이라고까지 표현하는 것이 지나친가? 그렇지 않다. 의례가 일상의 중요한 국면인 만큼 의례의 의미 있는 상징은 집단의식을 형성하는 핵심적인 요소다. 동시에 의례가 집단적 성격을 띠고 행해진다는 것은 그만큼 개인에게 구속력을 주는 것이다.

마을에서 엄선된 제관들이 마을제를 앞둔 며칠 전부터 합숙

---

146) 『제주의 민속』 V, 제주도, 1998, 64쪽.
147) 앞의 책, 69쪽.

하면서 부녀자를 멀리하고 정성을 들이는 포제, 절대적 경건성이 요구되면서 남성의 참여만 허용하는 포제는 남성에게는 집단적인 권력 경험이다. 이와 달리 포제가 일반화되면 당굿이 없어지는 마을들이 늘어가고 또한 당에 비념하는 것조차 포제 이후에만 가능하게 규제되는 상황에서 여성은 자신이 공식적으로 마을 내 권력의 주변인임을 내면화한다. 이런 점에서 포제는 남성과 여성 각각에게 집단적으로 권력의 현존과 부재를 경험하게 하고, 남성과 여성의 서열적 질서 및 성역할 분리 의식을 내면화해 온 또 다른 기제라 할 만하다.

바로 이러한 점에서 유교적 이미지가 물씬 풍기는 마을 '제'라는 용어를 당굿에까지 통칭하는 것은 신당의 역사성이나 신당에 대해 지니는 제주인의 정서 그리고 사회사적인 사건을 은폐하게 되고, 심지어는 앞의 기사에서 본 바와 같이 제주의 당신앙이 지니는 내용성까지도 왜곡하게 되는 것이다.

사실 근대화과정에서 당굿은 거의 대부분의 마을에서 폐지되고 구좌읍·조천읍 지역 10여 곳에만 당굿이 남아 전승되고 있다. 그 외 대부분의 마을은 유식 마을제, 즉 포제를 행한다. 물론 당굿을 지내는 지역에서도 포제를 지내기는 한다. 그런데 앞에서 누누이 기술한 바, 포제에 대한 사회심리는 분명 당굿과는 다르다. 포제는 무엇보다 경건하고 근엄하다. 노래와 장단, 역동적인 춤사위까지 한판 질펀하게 벌어지는 당굿과는 다르다. 포제의 제관이 된다는 것과 심방이 되어 당굿을 주도한다는 것을 바라보는 사회적 시각은 엄청 다르다.

그래서일까, 많은 사람이, 특히 상당수의 남성은 포제를 당굿보다는 우위의 마을 제의로 알고 있다. 심지어는 당에 가는 것은 미신이고 포제를 지내는 것은 경건한 행사로 알고 있는 사람도 적지 않다. 하지만 따지고 보면, 이는 우열을 논할 일이 아니다. 어차피 당굿이나 포제나 의례를 행하는 대상은 민간에서 신앙되는 신이다. 포제의 대상신이 누구인가? 포신(酺神)이다. 포신은 무속에서 병해충을 막아주는 신이다. 더러는 포신 외에도 토지신 등의 여러 신위에 제사를 지내기도 하지만, 포제의 대상신은 모두 민간신앙 대상신이다. 따라서 당굿이나 포제는 대상신의 성격은 같고 다만 의례의 방식만 다를 뿐이다. 군이 우열의 근거를 따

그림 63 한림읍 금릉리 포제단.

진다면 조선조를 지배했던 유교적 이념의 후광 정도이다.

여하튼 남성들에 의해 주관되는 포제는 대개 포제단에서 행해진다. 더러는 마을의 특정 장소를 포제 장소로 관념하는 곳도 있지만, 상당수의 마을에서는 유식과 무속에 대한 사회통념의 차이에 따라 마을의 신당과는 별도로 포제단이 조성되어 있다.

그런데 몇 개 마을에서는 유식·무식의 서열적 사회통념과는 무관하게 신당에서 유식 마을제를 행하고 있다. 무속을 미신이나 열등한 관념으로 치부하는 유교주의(?)의 시각에서 보면, 당에서 유식 의례를 한다는 것은 격에 맞지 않는 일이다. 그러나 다른 시각에서 보면 이들의 선택은 탁월하고 현명하다. 이들의 선택은 근대화와 더불어 오랜 세월 동안 전승되어 온 전통 신앙을 미신이라고 치부하는 세태 속에서 차라리 정책적 거부감이 덜한 유교식으로 포장하여 신을 모시기로 한 것이다. 바로 이들이 비록 의례의 방식을 바꾸는 한이 있더라도 신을 저버릴 수 없는 사람들을 보여주는 하나의 전형 아닌가.

사진에서 보이는 애월읍 중엄리 〈본향당〉은 큰 팽나무 세 그루가 당의 위엄을 보이는 곳이다. 게다가 기와를 얹은 자그마한 당집이 있어 고풍스런 분위기를 지니고 있던 곳이다. 마을 사람들은 〈중엄본향당〉이 '센 당'이어서 조선조 이형상 목사가 제주도 모든 당을 파괴할 때에도 이 당만은 건드리지 못했다고들 말한다. 확인할 길이야 없지만, 역사적 사건을 들어 당의 위세를 증거하는 것은 그만큼 본향당에 대한 마을 주민들의 인식이 높다는 것이다. 역시 그런 만큼 포제단을 따로 마련하지 않고 당에서 '대

**그림 64** 애월읍 중엄리 본향당. 유식 마을제를 지내기 위해 천막으로 비가림시설
을 해 놓았다.

제'라는 명칭으로 마을제를 지낸다. 지금은 제장 위에 천막으로 비가림시설을 해 놓아, 당 특유의 분위기는 훼손된 듯하다. 그래도 마을 사람들은 우천을 대비해서 비가림시설을 한 것을 기꺼워한다. 이 역시 당에 대한 정성으로 생각하기 때문이다. 사정이 이럴진대, 객이 당의 분위기를 운운할 처지가 못 된다.

중엄리 외에도 〈본향당〉에서 유식 마을제를 지내는 마을은 애월읍의 광령2리, 용흥리, 신엄리, 중엄리 그리고 대정읍 무릉2리 평지동 등 여러 곳이다. 그런데 당에서 마을제를 지내는 사람들만 당신을 저버리지 못하는 게 아니다. 골수 유교주의자들이 없는 것은 아니지만, 사실 제주도의 많은 마을에서는 포제를 지내더라도 마을 본향당신을 소홀하게 대하지는 않는다. 포제를 지낸 후에, 그 제관들이 본향당신에게 간략하게 제의를 올리는 경우도 있고, 포제를 지내기 전에 먼저 본향당신에게 제의를 지내는 경우도 있다.

본향당신의 위상에 대한 인식의 차이는 있을지언정, 그 어느 경우나 모두 오랜 세월 동고동락한 본향신에 대한 애틋한 믿음이 아니고 무엇이겠는가.

# 제주도 신당 이야기

## 찾아보기

# 찾아보기

**하순애**

30여 년간 대학에서 철학 강의를 했으며, 철학적 사유를 대중과 나누기 위한 시민
강좌 및 제주문화에 대한 관심에서 시작된 연구를 지속하고 있다.
펴낸 책으로『교양철학』(공저),『철학으로 세상 읽기』,『제주도 민간신앙의 구조와
변용』(공저),『한국인의 생명관과 배아복제윤리』(공저),『한국인의 죽음과 생명윤
리』(공저),『제주여성의 삶과 공간』(공저),『제주도 신당 이야기』,『세상은 왜?-세상
을 보는 열 가지 철학적 주제』등이 있다.

**개정판**

## 제주도 신당(神堂) 이야기

2024년 1월 19일 개정판 1쇄 발행

지은이  하순애
펴낸이  김영훈
편집장  김지희
디자인  김영훈
편집부  이은아, 부건영
펴낸곳  한그루
　　　　출판등록 제6510000251002008000003호.
　　　　제주특별자치도 제주시 복지로1길 21
　　　　전화 064 723 7580  전송 064 753 7580
　　　　전자우편 onetreebook@daum.net  누리방 onetreebook.com

ISBN 979-11-6867-153-9 (03380)

값 20,000원